聚沙成塔：大学生创新创业素质提升研究

华致雄 ◎著

中国书籍出版社
China Book Press

图书在版编目（CIP）数据

聚沙成塔：大学生创新创业素质提升研究 / 华致雄
著 . -- 北京：中国书籍出版社 , 2023.9
ISBN 978-7-5068-9583-5

Ⅰ.①聚… Ⅱ.①华… Ⅲ.①大学生 – 创业 – 研究
Ⅳ.① G647.38

中国国家版本馆 CIP 数据核字（2023）第 179316 号

聚沙成塔：大学生创新创业素质提升研究

华致雄　著

丛书策划	谭　鹏　武　斌
责任编辑	李　新
责任印制	孙马飞　马　芝
封面设计	博健文化
出版发行	中国书籍出版社
地　　址	北京市丰台区三路居路 97 号（邮编：100073）
电　　话	（010）52257143（总编室）　（010）52257140（发行部）
电子邮箱	eo@chinabp.com.cn
经　　销	全国新华书店
印　　厂	三河市德贤弘印务有限公司
开　　本	710 毫米 ×1000 毫米　1/16
字　　数	218 千字
印　　张	13.75
版　　次	2024 年 1 月第 1 版
印　　次	2024 年 1 月第 1 次印刷
书　　号	ISBN 978-7-5068-9583-5
定　　价	82.00 元

版权所有　翻印必究

目 录

第一章　创新创业基础概述 ………………………………………… 1
　第一节　创新与创业的内涵 …………………………………… 1
　第二节　创新与创业的关系 …………………………………… 13
　第三节　大学生创新创业教育概述 …………………………… 15

第二章　大学生创新意识与思维研究 ……………………………… 19
　第一节　大学生创新意识的树立 ……………………………… 19
　第二节　大学生创新思维的培养 ……………………………… 40

第三章　大学生创新创业的准备 …………………………………… 50
　第一节　创新创业知识的准备 ………………………………… 50
　第二节　创新创业能力的准备 ………………………………… 54
　第三节　创新创业素质的准备 ………………………………… 63

第四章　大学生创业团队的建设 …………………………………… 78
　第一节　创业团队的内涵 ……………………………………… 78
　第二节　大学生创业团队的组建 ……………………………… 85
　第三节　大学生创业团队的管理 ……………………………… 94

第五章　大学生创业机会的把握 …………………………………… 111
　第一节　创业机会的内涵 ……………………………………… 111
　第二节　大学生创业机会的识别与评价 ……………………… 117
　第三节　大学生创业项目的选择 ……………………………… 121
　第四节　大学生创业风险的防范 ……………………………… 128

第六章 大学生创业的商业模式 ············ 145
第一节 商业模式概述 ············ 146
第二节 创业商业模式设计 ············ 148
第三节 商业模式的特征与创新 ············ 150

第七章 大学生创业计划 ············ 156
第一节 创业计划概述 ············ 156
第二节 撰写创业计划书 ············ 158
第三节 创业计划书的展示 ············ 163

第八章 大学生创业的融资 ············ 168
第一节 创业融资的内涵 ············ 168
第二节 创业融资的决策 ············ 169
第三节 创业融资的方式与流程 ············ 172
第四节 创业融资的渠道 ············ 182

第九章 大学生创业实践 ············ 188
第一节 企业组织形式的选择 ············ 188
第二节 企业的申办 ············ 191
第三节 初创企业的选址 ············ 193
第四节 大学生新创企业的管理 ············ 197

参考文献 ············ 211

第一章 创新创业基础概述

在当今社会快速发展的背景下,创新创业无疑成了时代主题。创新是社会进步的灵魂,创业是创新的表现形式和载体,是推动经济社会发展、改善民生的重要途径。创新创业教育是当今高等教育现代化的发展方向,通过创新创业教育可以推动教育的革新,明确大学生创业意向,助推专业知识转化成创业成果,促进大学生的全面发展和社会进步。

第一节 创新与创业的内涵

一、创新的内涵

（一）创新的概念

从狭义上讲,"创新"是一个经济学概念;从广义上讲,"创新"不仅是指从无到有的创造,也包括从旧到新的创造,不管是产品的形态、造型、工艺、流程,还是管理的制度、观念、文化,只要与既有的相比,在形式或内涵上有了新的突破,都是"创新"。

创新是指提出不同于一般人思维方式的观点,然后运用已有的知识和材料,在特定的情况下,根据理想化的需要,或者为了符合社会的需求,对事物、方法、元素、路径、环境进行改进或者创造,并且可以取得一定有益效果的行为。

俞敏洪对于创新的解释为:必须先有从 0 到 1 的本领,然后再从 1 到 N,这是一个不断增量积累的问题。俞敏洪拿自己举例:当年他从北京大学出来创办新东方,就是从 0 到 1 的突破。新东方不断发展,从最早只有 13 个学生的一个小教室,发展至美国上市,这是从 1 到 N 的过程。

(二)创新的基本类型

每个人都可以成为创新者,对于普通人来说,创新不是遥不可及的,一个团结协作、富有战斗力和进取心的团队,配以高效、系统化的方法,可以有效实施创新,取得令人满意的成绩。

1. 盈利模式创新

盈利模式创新是指企业寻求一种将既有产品,或者其他有价值的资源转变为现金。这样的革新经常对企业中的一些传统观念提出质疑,比如生产什么产品,产品的定价是多少,怎样获得收益等等。盈利模式创新的典型代表是溢价和竞拍。

2. 网络创新

当今社会,高度互联,任何一家企业都不敢说不论是技术、产品,还是渠道、品牌等问题都能自己完成,它往往需要与其他企业合作,才能实现共赢。

3. 结构创新

企业结构的革新就是以一种特殊的方法去整合企业的各种资源,包括硬件资源、人力资源和无形资源,为企业创造价值。这包括了从人力资源的管理体系到大型固定设备配置等各个方面,如建立激励机制,激励员工朝着特定目标努力,实现资产标准化,以减少运营费用、降低管理难度等。

4. 流程创新

流程创新涉及公司主要产品或服务的各项生产活动和运营。这种创新要求对过去商业运作模式进行根本性的改革,从而赋予企业特殊的功能,使其可以有效地运作,快速地对新情况作出调整,并且在整个行业中取得比其他企业更大的利润。流程创新常常构成一个企业的核心竞争力。

5. 产品性能创新

产品性能创新既可以指产品的结构或工艺有了改进,产品的设计制造费用有了大幅度的降低,产品的设计更加符合人机工程学的概念、更受消费者的青睐,也可以指产品更有利于人的身体健康,对环境资源的破坏性小等。这是最容易被竞争对手效仿的一类创新。

6. 产品系统创新

产品系统创新就是通过把单一的产品与服务结合在一起,形成一个具有很强的可扩展性的体系。产品体系的革新有助于帮助企业构建一个既能吸引客户,又能让客户满意,又能抵御竞争对手的攻击的生态环境。

7. 服务创新

服务创新可以在使产品的功用、性能和价值得到提升的同时,激起消费者的好奇心,使他们愿意进行试用体验,了解平时不易引起重视的特性和功能,并使消费者在平时使用过程中遇到的问题能够得到妥善解决,增加消费者体验愉悦度。

8. 渠道创新

渠道是指把产品与消费者和用户联结起来的各种方式。尽管近几年来,电子商务已经占据了主导地位,但是,传统的销售渠道,如实体商店等,仍然具有举足轻重的地位,尤其是在给消费者带来沉浸式的体验方面。这一领域的资深创新者通常将传统渠道与新型渠道结合起来,挖掘出互补的方式将自己的产品和服务更好地呈现给消费者。

9. 品牌创新

品牌创新可以使消费者和用户在面临类似的商品或替代品的时候，能够认清并记住企业的商品，从而选择企业的商品。优秀的品牌创新可以提炼一种"承诺"，这个承诺可以吸引买家，并且可以传达出一种独特的特性。

10. 顾客契合创新

顾客契合创新就是要了解客户及使用者的深层次需求，并以此建立和发展客户与企业之间的有意义的关系。顾客契合创新为企业提供了更大的发展空间，并有助于人们寻找更好的方式来让他们的生活更值得纪念，更有成效，更快乐。

单一的创新，如仅选取一种或两种形式，并不一定能取得持久的成功。企业要建立可持续的竞争优势，就必须将以上提到的各种创新方式进行综合运用。

（三）创新的特征

创新是在实践中取得突破。它既非一般的重复性工作，也非对原有内容的单纯润色，而是突破性、根本性的改变，是综合性的创造。在继承中有升华，在继承中有创新。创新具有变革性、高风险性、价值性、动态性、时机性、超前性。

1. 变革性

创新是指对现有的东西进行改造、创造，它是一种深刻的变化，是一种具有创造力的思维方式，是前人或他人没有认识到、实现或更好地运用的创造性劳动的结晶，甚至对于类似的行为及其成果来说，创新是指质的改善和提升，或者是更好地使用某物。创新者应该解放思想，开拓进取，敢于进行变革和革新，勇于运用创造性的思维，并从事创造性的实践活动。[①]

2. 高风险性

实践表明,企业创新是否能够获得成功,以及成功大小如何,是所有人都无法准确预料到的,因此承担的风险高。总的来说,能够取得成果并取得预期成果的,通常是少数,或者说很少。如果创新不成功,那么在创新上所付出的巨大投入就得不到回报,同时也会错失发展机遇,从而影响其在市场上的竞争力。在企业中,企业创新面临的风险包括市场风险、技术风险和组织文化风险。创新的市场风险主要表现在,很难掌握顾客的需求及其产品在市场中的份额,所以,创新的决策和最终的结果,也很难确定它是否会被用户所接受,是否会受到市场的欢迎,是否会超过竞争对手。创新的技术风险是指在研发、商业化的过程中,企业不确定是否能够克服技术困难,以及是否能够降低高昂的成本,可以说,在技术上是否能够获得成功,具有一定的不确定性。与此同时,创新也会带来组织架构上的风险,为了加强企业的凝聚力,每一家公司都有自己独特的组织文化,组织文化创新,可能会损害部分员工的利益,或是新的组织文化与公司的发展理念不符,这就可能导致组织文化创新的推进工作会遇到很多障碍,甚至可能会推行不下去。尽管创新是有风险的,但这并不意味着它就会比守旧承担的风险更大。因循守旧,故步自封,同样会导致企业萎缩,跟不上市场变化,甚至被时代大潮无情淘汰。要对创新的高风险性有清醒的认识,能够承担得起创新不成功带来的后果,在创新的过程中,尽量多采取有效措施降低创新成功的不确定性,是管理的创新职能所在。

3. 价值性

创新的价值是明显而具体的,其产生的经济效益和社会效益也是显而易见的。一次成功的创新,可以带来巨大的价值,或者说可以带来意想不到的效果。创新具有较高的风险,但也具有较高的价值,高价值与高风险并存,两者之间呈正相关的关系。

[①] 苟延杰,胡艳,吕雪.大学生创新创业基础[M].成都:西南财经大学出版社,2018:3-4.

4. 动态性

这个世界无时无刻不在发展变化着,除了组织的外部环境和内部条件在持续地改变之外,组织的创新能力也需要持续地积累,不断地提升,对创新能力起决定性作用的创新因素也都在不断地进行着动态的调整。在企业之间的竞争中,企业的竞争优势会随着其他企业的创新而逐渐消失,这就要求我们持续地进行一次又一次的创新。从总体上讲,在过去的一个阶段,低层次的创新必然会被下一个阶段的高层次的创新所取代。企业创新行为的持续开展、企业创新水平的提升,是企业发展的内在动力。

5. 时机性

创新的时机性,就是创新机遇总是在特定的时期出现的。只有正确认识客观存在的时机,把握住机遇,才能实现创新;反之,则会导致创新活动的失败。创新的时机性对创新者的要求较高,在做出创新决策的时候,创新者要以市场变化的发展趋势、社会科学技术的水平以及专利信息的情况为基础,来确定发展的方向,并对这个方向上的创新所处的发展阶段进行正确的判断,从而找到一个合适的切入点,从而抢占先机,取得更多的创新成果。

6. 超前性

创新的灵魂是求新,是超越。这是一种立足于现实、实事求是的超前。顾客的喜好各不相同,而且总是在改变。乔布斯的成功在于他具有先知先觉的创造力,他不仅着眼于顾客的眼前,而且着眼于顾客的将来,以一种不断发展的眼光去看待顾客的将来,并最终设计出满足顾客要求的产品。

二、创业的内涵

（一）创业的概念

创业是指创业者运用一定的方法、资源和技能，将创意、创新、创造力等转化为具有经济价值和社会效益的产品、服务或者事业的过程。创业过程中需要具备创新精神、创业意识、创造性思维和创造能力等方面的素质和能力。

（二）创业的特点

创业具有显著的特点，主要包括以下几方面。

1. 创业具有目的性

创业具有目的性。个人创业的目的各不相同，有的是为了生存，有的是为了财富，有的是为了实现个人的价值，而有的人创业是为了追求自己的梦想。企业创业的目的一般都是为了获取利润，使企业能够持续发展下去。

2. 创业具有主动性

与一般就业不同，创业者一般都是主动地选择适合自己的行业和项目进行创业，具有很强的主动性和自主性。

3. 创业具有风险性

创业过程中存在各种风险，如市场风险、竞争风险、技术风险等，因此创业者在创业过程中需要具备一定的风险意识和风险管理能力，以降低创业风险。

4. 创业具有广阔性

创业的主体、类型、行业等没有限制,可以是个人、家庭、企业等,也可以是不同的行业和领域。创业的项目、行业、主体以及目标都有着不确定性,每一个人的创业理想也都不同,因此创业具有一定的广阔性。

5. 创业具有连续性

创业者在创业过程中可能会遭遇失败,但创业精神和创业意识是创业者最可贵的品质,因此创业者要不断地尝试、不断地学习,从而实现自我超越和自我提升。创业活动本身就是一个持续的过程,需要不断地试验、学习、调整和优化,从而实现持续的发展。因此,创业者需要具备强烈的创业精神和创业意识,保持对创业的热情和动力,不断地探索和尝试,从而实现创业的连续发展。

(三)创业的意义

1. 创业可以获得财富

创业确实可以获得财富,但是创业的过程并不一定是直接获得财富的过程。创业的过程可能会伴随着各种挑战和风险,创业者需要具备一定的创业精神和创业意识,同时需要具备良好的风险管理能力和市场洞察力,才能在创业过程中获得成功。因此,创业并不是一条直接通往财富的道路,而是需要经过不断的努力和付出,才能获得成功和财富。

2. 创业是解决就业的有效手段

创业活动有利于解决就业问题,促进劳动力灵活就业,增加居民收入,提高对生活的满意度,同时还能缩小城乡差距,促进经济发展。

3. 创业可以最大限度地实现个人的人生价值

创业可以最大限度地实现个人的人生价值，这是因为创业过程中需要付出很多努力和汗水，同时也需要不断地学习和尝试，克服各种困难和挑战，才能实现个人的创业梦想。在创业过程中，创业者可以发挥自己的创造力、创新精神和实践能力，为社会创造更多的价值，从而实现个人的人生价值。同时，创业也可以让创业者更好地实现自我价值，获得更多的成就感和满足感，从而提高个人的幸福感和生活品质。总之，创业是一种可以让人充分发挥自己潜力和实现个人价值的活动，是实现个人人生价值的重要途径之一。

4. 创业有利于培养个人的创新精神

创新可以激发个人的创造力，推动他们不断地探索新的领域、开发新的技术、创造新的商业模式等。在创业过程中，创业者需要面对各种挑战和机遇，需要不断地创新思维、尝试新的方法和策略，从而不断地推动自己和企业的发展。因此，创业有助于个人养成创新精神，不断地提高自己的综合素质和综合能力，为实现个人的人生价值打下坚实的基础。

（四）创业精神

创业是管理领域的一个重要而复杂的概念，它包含了管理学、经济学和社会学等多个学科的内容。

1. 创业精神的内涵

一个真正的创业者，不仅要有激情，还要有毅力，这就是我们所说的创业者要有创业精神。一些人认为，创业者精神就是战胜"恐慌"，持续探索新的商机，而另一些人则将其与持续开发新产品或新服务的"欲望"联系起来。我们认为创业精神包括三个重要的内涵：

（1）对商机的敏锐性。有创作者精神的人，应该能敏锐地捕捉到外界的最新变化趋势,尤其是那些以前没有被人关注到的,更应该抓住时机,去开拓新的商机。

（2）敢于创新。富有创业精神的人往往是最有创新精神的人。要想在激烈的商业竞争中立于不败之地,创业者就必须持续地进行创新,不断开发新产品,优化新工艺,降低成本,改变营销策略等等,才能在艰苦创业中笑到最后。

（3）追求卓越。创业者追求业绩增长,期望自己的公司能够不断发展壮大,在激烈的竞争中立于不败之地,希望自己的员工努力工作获得好的生活。

2. 如何培养自己的创业精神

（1）培养坚定的创业信念。一是坚信自己能够获得成功。人们相信有什么样的结果,就会有什么样的成就,如果一个人不相信他可以做一件事情,那么他就不会去奋斗,也不会去追求。二是要有创业的责任感。创作者要肩负起创业的责任,既要为国家作贡献,又要为自己谋出路。三是创作者在逆境中要有一种不屈不挠的精神,即使处于困境,也要奋起反抗,才有可能获得成功。

（2）培养积极的创业心态。积极的创业心态应该包含以下几个方面：一是创业激情高涨；二是清除所有潜意识障碍；三是克服艰难险阻,迎难而上,将一切不可能化为可能。

（3）培养顽强的创业意志。创业意志是指创业者为实现目标而不屈不挠、坚持不懈的精神品质。创业意志主要表现为三个方面：一是要有明确的创业目的。如果目标都不明确,那么创业取得成功的可能性很小；二是决断果敢。不能优柔寡断,否则可能会错失很多机遇；三是具有恒心和毅力。创业是一项艰辛的活动,如果创业者内心不够强大,遇到困难就退缩,那创业注定会失败。

（4）培养鲜明的创业个性。成功的创业者,大都具有鲜明而又独特的性格特征：第一,具有冒险精神。创业的价值就是要创造出属于自己的独一无二的东西,创业者要敢于冒险,敢于走前人和其他人都没有走过的路。"敢于冒险"指的是创业者基于理性而做出的果敢决策,指的是在有信心的前提下敢于超越,指的是在面对新的事物时对新事物的不懈追求。第二,专注。创业者坚持不懈地追求自己的目标,将自己的全部精力投入创业的活动中。第三，独立自主。创作者在面对困难、遇到问题时，必须要积极寻找解决的方法，不能被外界的一切因素所影响。

（五）大学生创业的影响因素

大学生创业的影响因素有很多，主要包括以下几个方面。

1. 个人因素

个人因素包括创业意愿、创业动机、个人素质、性格特点、学习经历和社会经验等。创业意愿是大学生创业的动力和源泉，创业动机是推动大学生创业的内在动力，个人素质、性格特点和学习经历等是影响大学生创业的重要因素，而学习经历和社会经验则是大学生创业的基础。

2. 社会环境因素

社会环境因素包括国家政策、经济环境、社会文化、市场需求等。国家政策是大学生创业的保障，经济环境是大学生创业的基础，社会文化和市场需求则是大学生创业的外部条件。

3. 学校环境因素

学校环境因素包括学校教育体制、创业教育、创业氛围等。学校教育体制能够影响大学生的学习方式和知识结构，创业教育能够培养大学生的创业意识和创业精神，创业氛围则能够激发大学生的创业热情和创新精神。

4. 家庭环境因素

家庭环境因素包括家庭经济状况、家庭文化、家庭教育观念等。家庭经济状况是大学生创业的物质基础，家庭文化和教育观念则能够影响大学生的创业价值观和创业精神。

（六）大学生创业应处理好的几个关系

大学生创业过程中需要处理好多个关系，其中包括但不限于以下几个方面。

1. 创业与学业的关系

大学生创业离不开专业知识、技能、理念的指引，完全抛开学业的创业行为只能是无源之水、无本之木。学校和大学生都应充分认识到学业是创业的基础，一方面学校要打造适应大学生创业的课程资源，务求让大学生学有所用；另一方面大学生要明确学业的重要意义，只有扎实的学业基础，创业才能具备基业长青的根本保障。否则，再好的大学创业业绩也只能是昙花一现，难以持久。

2. 创业与创新的关系

创新精神是大学创业的灵魂。学校在推动大学生创业的实践中，应坚持宽容和自由的理念，鼓励大学生敢于冒险和尝试，对创业失败的大学生也要有足够的宽容，而不是一边倒地宣扬创业成功的大学生，或以此作为学业交换的条件。大学生则应通过创业行为来培养自身的创新精神，拒绝以虚假创业的方式换取学分、谋求荣誉，应真正以不怕冒险、不怕失败为精神动力，开创大学生创业的行业新理念、新方式、新高度。

3. 创业与就业的关系

大学生创业并不是为了缓解就业压力，而是为了自主创业、自我实现和自我提升。因此，大学生创业应该以自己的职业规划和人生规划为基础，以提升自己的能力和素质为目标，而不是盲目跟风或为了逃避就业而创业。

4. 创业与投资的关系

大学生创业资金来源主要依靠自筹和家庭支持，投资是一个重要的资金来源渠道。但是，大学生创业应该有清醒的认识，投资是有风险的，创业者需要有足够的风险意识和风险管理能力，同时要注意选择合适的投资方式和渠道，避免投资风险。

5.创业与社会责任的关系

大学生创业不仅仅是为了实现个人的经济利益，更是为了回报社会、建设社会。因此，大学生创业应该注重社会责任，积极参与公益事业、回馈社会，为社会的发展和进步作出贡献。

(七)创业的主要挑战

创业活动所面对的主要挑战有：

(1)风险承担。创业活动充满着不确定与风险，市场的变化是难以捉摸的，企业的回报是不确定的，甚至是一点保障都没有。如果失败，那么很有可能会输得一干二净，甚至破产。

(2)责任和付出。在创业的过程中，企业家必须不断地学习，才能独立地处理新的问题；要与顾客及社会各方面保持良好的关系；需要花费更多的时间和更多的精力去经营维护。在面临危险与困难的时候，我们不能后退，要勇于面对，主动寻找解决的办法。与在大公司或政府机构的工作相比，创业者对于重大机会与宏伟目标的追逐，需要更多的责任感。

(3)财务问题。在创业过程中，没有固定的收入，也没有附加的收益，创业者要真正认识到自己的能力和财务状况，确保公司在一个良好的资产运营状态下，才能获得生存与发展，否则资金链一旦断裂，所有的努力都将前功尽弃。

第二节　创新与创业的关系

在经济全球化加速，知识经济时代来临的今天，创新与创业已成为时代的主题，并已成为经济发展的重要途径。众多研究表明，创新和创业是两个紧密联系在一起的实践活动。如何正确地把握与处理创新与创业的关系，搭建创新与创业的桥梁，是决定创业成功与否的关键，也是决定企业未来发展命运的关键。

一、创新与创业的融合

创业与创新是一个永恒的话题，也是一个时代的主题。当今世界已经由传统的工业文明过渡到了现代的信息化文明，在这个过程中伴随着"知识经济"的兴起，知识经济的核心正是"创新"。创新和创业并不是相互独立的，两者密不可分，相互交叉、渗透和融合。企业要想生存，要想发展，必须要不断地进行创新。在创业过程中，企业要在市场开发、产品制造、技术改造、商业模式、管理体制等多个层面上不断地探索与创新。同时，创业者需要跳出固定的思维模式，识别创业机会，只有不断变革，才能使企业立足和发展。

在"全民创新"的大背景下，新时期的大学生更要抓住机会。大学生创业有着自己独有的优势，他们身上洋溢着一股朝气蓬勃、充满激情的气息，还有一种"初生牛犊不怕虎"的精神，这些都是优秀创业者所应该具备的品质。在丰富的理论知识之下，不管是在高科技的创新领域，还是在文化服务领域，大学生们都应该能够利用自己的所见所闻，从而完成自己的创业过程，"用智力换资本"是大学生创业的特点，也是大学生创业的必由之路。虽然创业对大学生来说是很有挑战和难度的，但大学生也要经常思考，用双眼去寻找新的创业之路。

创新的价值，在一定意义上，是把潜在的知识、技术、市场的机遇，转变为现实的生产力，使社会的财富增加，使整个社会受益。而要完成这一转变，最基本的方法就是创业。一个创业者可以不是一个革新者或者发明人，但是他一定要有一种能力去发掘潜在的商机，并且勇于承担风险。

二、创新与创业本质的一致性

创新与创业具有相同的本质，都具备"开创"的特质。创新通常是创造的最初阶段。创业是一种在实际活动中进行的创造，它是创新思维、理论和技巧的应用和现实体现，是创造活动的第二阶段，也是创新的最终目标。创新是创业的先决条件,并为创业活动提供相关的理论指导,可使创业者少走弯路,提高创业成功的概率。如果一个创业者的创新意识、创新思维不强,那么创业成功的概率很小,即使在汗水与泪水浇灌下绽放成功之花,高度可能也是一般。

第三节 大学生创新创业教育概述

一、大学生创新创业教育的核心内容

（一）知识方面

对大学生进行创新创业教育,既要提高他们的创新创业意识,又要增加他们的创新创业知识。创新创业知识既包括企业的政策和法律方面的知识,也包括企业所需要的专业知识,如企业的经营管理等。此外,创新创业的过程还会牵涉到许多方面的内容,如企业的经营管理、商业谈判技巧以及经济核算方法等。

（二）能力方面

大学生仅仅拥有创新创业知识并不能取得创业的成功,创新创业能力也是推动创业成功的关键因素。创新创业能力包括创新创业认知能力、专业能力和社会能力。创新创业认知能力是创业成功的基础,扎实的专业能力是创业成功的后盾,而良好的社会能力是创业成功的定心丸。

企业只有拥有了创新创业的能力,才有可能取得创业的成功。创新是企业创业的关键环节,它为企业提供了核心技术,为企业提供了竞争优势。创新创业是一个艰巨而又庞大的系统工程,所以,在高校开展创新创业教育的过程中,对学生进行创新创业能力的培养,是一项重要的工作。

（三）素养方面

创新创业教育本质上是素质教育，对大学生进行创新创业教育实则是提升大学生的素质。大学生创新创业意识教育有利于培养大学生的创业意识，从根本上为大学生增添创业动力。

二、大学生创新创业教育的特征

大学生创新创业教育是一种前沿性的全新理念，它的提出和发展历史还不长，创新创业教育所瞄准的是未来教育的发展趋势和社会需要。创新创业教育具有三个特征，即时代性特征、实践性特征和普遍性特征。

（一）时代性

创新创业教育是时代发展的产物。创新创业教育是随着知识经济时代的到来逐渐发展起来的。在传统社会，人们对创新创业的重视程度不够，创新创业教育也没有纳入高等教育体系中。但在现代社会，科技发展日新月异，创业者层出不穷，各种基于科技创新的新业态不断出现，深刻改变了人们的生活习惯。创新成为推动社会进步的主要动力之一，人们认识到创新的重要作用，创新创业教育顺应时代发展潮流，也得到了重视，在高等教育、基础教育中的地位越来越高。

除此之外，由于创新创业是一项系统的、复杂的工程，创新创业教育的内容也呈现出多样性特征。在创新创业教育实施过程中，不能只把其作为一个学科单独实施，还要结合其他学科内容，如创业要和学校开设的专业课程结合起来，打造专业和创业相融合的课程，还要融合营销管理、企业管理等内容，同时还要落实课程思政要求，融入社会主义核心价值观、中华优秀传统文化等内容。可以看出，创新创业教育是一项具有综合性特征的学科，离不开其他学科的支持。

（二）实践性

实践出真知，当今的创新创业教育不仅仅在理论上进行探讨和证明,也强调实践的验证。教育具有启蒙的作用,社会的进步离不开教育的发展。教育能够促进学生品德和能力的养成,担负着学生的未来成长。创业是一种实践性的社会活动,而创新创业教育是理论性的课程,因此创新创业教育不能只停留在传授知识的层面上,还必须与创业实践活动相结合。只有在实践中,创新创业教育才能发挥其最大的效能,让受教者身临其境地感受到创业的过程,及时调整自己的心态,认清社会发展所需,提升自己的整体素质,以适应瞬息万变的社会。在知识经济时代,创新创业教育是贯穿受教育者一生的教育,它是一个完善的体系,这个体系是终身教育体系中不可分割的一部分。

(三)普遍性

当今的创新创业教育具有普遍性,创新创业教育的开展强调要重视每一个大学生,无论未来是否创业,每一个学生都要接受创新创业教育。创新创业教育活动根据不同的环境选择不同的素材,新颖的实训、鲜活的内容等都可以灵活地运用。为了适应不同的需要,锻炼学生各方面的能力,满足不同学生的需要,教学设计可选择各种样式的教学手段,因时而异,因地制宜,不能一概而论。创新创业教育是一个系统而庞大的工程,它应以市场为导向,以能力培养为目标。

三、大学生创新创业教育的意义

当今社会为大学生创新创业创造了一个良好的环境,大学生都是年轻人,对任何事都有一种想要去尝试的欲望,他们向往未来,向往新事物,这是大学生创新创业的精神支柱,因此,对大学生进行创新创业教育是非常有必要的。

(一)推动创新型国家建设的需要

创新是一国发展之魂,是一国强盛之源。一个具有创新精神、高质量人才的民族,在发展知识经济方面具有很大的潜能;一个没有足够的科技资源,没有足够的自主创新能力的民族,会错失"知识经济"所创造的机会。21世纪世界各国之间的竞争,既是国家间的经济与实力之战,也是科学技术与教育之战,还是高质量的人才之战。大学是人才培育的摇篮,承担着培育基础扎实、具有创新精神、能够应对未来社会发展与挑战的优秀人才的第一要务。加强大学生创新创业能力的培育,是构建高等学校创新体系的关键和根本,可以有力地支撑和促进国家创新体系的构建,对创新型国家的建设具有重要的意义。

(二)将创新成果转化为生产力

大学是创新的核心,而大学生是大学的主体,大学生将自己的创新成果通过创业的方式在社会中进行实践,既具有必然性,也具有必要性。

在学校里,大学生可以学习到各种理论知识,并具备一定的创造力。在进行创业活动的过程中,大学生们将自己的创意理念变成了现实,进而实现了他们创新、创业的理想,同时也体现出了他们的自我价值,并获得了社会的认同。而这些创新与创业所取得的成就,也必将对全社会的进步作出相应的贡献。

(三)培养创新和开拓进取精神

创新意味着要做到别人未曾做到的,而创业则意味着要用独立和自我的精神去完成别人未曾完成的事业。如果创新不能跟创业进行有机融合,很有可能成为一场空谈。将创新与创业有机地融合起来,是指大学生用他们的独立与自我的精神去完成别人从未完成的任务。大学生是最具有活力的一群人,如果他们丧失了对创新的冲动和渴望,不仅会减弱社会持续发展的动力,也会让他们自己丧失继续发展的动力。

第二章 大学生创新意识与思维研究

"双创"政策是我国根据"十三五规划"制定的具有长远意义的政策，也是促进国家经济繁荣发展的重要保障，大学生在高校参加创新教育活动，有助于推动双创政策的健康发展。国务院印发的创新教育改革政策方针，目的在于建立创新驱动模式，在创业就业的社会大背景下，促进我国经济健康可持续地发展下去，同时，依靠创新这一驱动模式，重视引导人才素质教育，使当代教育下的大学生能够与时俱进，赶超社会发展，从而在这种动态互动影响过程中，再次惠及双创教育，使创新实践优化改变，因此，高校应把创新教育依托于所有教师和学生，遵循大众创业和创新教育的战略方向。本章主要对大学生的创新意识与创新思维进行了探讨，积极探索科学、有效的适合大学生创新意识与创新思维培养的措施。

第一节 大学生创新意识的树立

精神与物质相对应，可以通过对人类行为进行调节和控制，进而改变和影响外部世界。意识、思维、情感、意志和个性是创新活动中必不可少的精神品质。其中，创新是创业过程中最为核心的。研究当下大量企业家发现，中国最缺乏的不是创业能力，而是创新精神。缺乏创新精神会阻碍创业能力的提高。

一、大学生创新意识的内涵

创新是一个国家繁荣发展的基石,其涉及的因素很多,其中影响最大、最活跃的要数人才这一因素。因而,当前的大学生应在学好专业理论知识的同时,提高自身的创新意识和创新能力,才可以在学习和未来的工作中抓住创新机会,更好地开展创新活动,成长为国家需要的创新型人才。这也对大学生提出了更为具体的要求,应自觉地培养创新意识,进而在激烈的社会竞争中占有一席之地。

创新意识是一种能够引导人们从事创造性活动的心理动机。要想完成创造,创新意识是必不可少的。创新意识是当代创业人才必须具备的首要条件,创新意识就是用创新的思维方式处理问题,对实践发展的需求,运用新的思维模式创造出前所未有的新事物或新概念,并在创造性活动中表达想法。这是人类意识活动的表现,也是人类创新能力的前提。基于社会和个人发展的需要以及积极探索的心理取向,表现出创造性的意图、欲望和动机,是人们创造性活动的起点和内在动力。创新意识是对创新价值和重要性的理解水平和程度,以及由此产生的对创新的态度,是人们以这种态度调节自我活动的精神状态。基于不同个体之间存在的差异,人们的创新也会受到他所拥有的社会地位、文化素质、情绪和兴趣的影响,这反过来又对促进创新起着重要作用。

创新意识,顾名思义可以理解为大学生有了想要创新的想法,是大学生进行创新的主要动力源泉,激发大学生想要创新的意识,对提高大学生创新能力具有重要意义。研究发现,大学生对创新所表现的兴趣越高,创新过程中获得的自我满足感越高,其创新意识也会越强。传统的创新教育将创新局限在书本上,教师讲解的人物多是家喻户晓的成功人士,与学生自身或所处的环境差距甚远,无法引起学生的注意力。因此,高校创新创业教育应转变传统的理论知识传授的教育方式,以激发学生好奇心为出发点,与时俱进,选取与学生自身利益相关的案例进行讲解,根据学生的实际需求制定课程目标。

与社会中的其他群体相比,大学生有其独特的特点,因而,阐述大学生创新意识的内涵必须以大学生的群体特征为依据。相较于中学生,大学生受到了高等教育,理论知识储备更加丰富,这必然成为创新的有利条件,思维方式显示出更强的理性和科学性。与此同时,大学生并没有真正地进入社会,对未来的生活和工作都饱含期待,有较强的理想主义,敢于改变,积极向上。大学生创新意识指的是大学生在平时的学习和实习中,利用自身的知识进行思考产生新的疑问,在解决该问题时提出新思路,同时促进大学生提高创新知识与创新能力的心理状态。大学生创新意识的有无,对其自身的发展和国家的进步都有重要影响,是我国能够步入创新型国家前列的重要前提。

二、大学生创新意识的基本内容

大学生创新意识的基本内容主要包括以下几点。

（一）创新动力意识

创新动力意识是大学生追求创新、自觉参与创新的精神动力。这一动力主要来自以下两方面:一是创新者的内在需求,二是外部环境的激励。内在动力是由达到个人需求和实现自我价值所产生的,外在动力是由大学生在学业、荣誉、金钱和认可的驱使下所产生的,不具备良好的持久性和稳定性。只有激发出大学生的内在动力,他们才能积极地参与创新活动,为他们提供不竭的动力源泉。

（二）创新批判意识

创新批判意识指的是大学生在参与创新活动的过程中基于客观情况提出问题,加以判断和评价,最终形成有价值的认知的思维方式。一些大学生在学习过程中没有批判和反思的思考方式,只是一味地顺从和沉默,这会导致他们丧失掉主动探寻事物真伪的意识。随着时间的推移,即使他们储备的信息和知识足够多,也只停留在知识面的扩大上,思想仍会十分贫瘠,不会具有良好的创新意识。因此,有必要培养大学生的创新批评意识,使他们学会从辩证否定的角度出发来归纳和总结所学到的知识,突破思维定式,敢于提问,敢于质疑,敢于发表意见。

（三）创新超越意识

创新超越意识指的是大学生在参与创新活动的过程中持续性地突破自己的水平，不断超越自我价值的心理状态。超越在创新活动中是不可避免的，一方面是超越现有的成果，另一方面是超越自我。大学生的创新超越意识来自他们具有的自我意识，正是在达成创新目标的努力中，超越自己原有的、狭隘的限制，勇于超越自己的水平，推动自身在各方面实现成长和发展。大学生的创新超越意识可以帮助他们从实然的自我过渡到应然的自我，努力实现理想的自我。

（四）创新责任意识

创新责任意识指的是大学生在进行有助于社会发展和自我发展的创新活动中，形成承担一定责任的认识，这在大学生的创新活动中有积极的导向意义。人们进行有一定针对性的创新活动，一方面能够实现自身的内在需求，另一方面可以推动个人和社会的良好发展。于大学生而言，形成创新责任意识意味着他们进行创新活动的目的都应为国家发展和民族复兴服务。大学生将自身和社会发展这一责任放在肩上，把这种责任意识内化在思想层面，外化在实际行动中，通过创新实践促进自己和社会发展，最终共同促进自身价值和社会价值的协同发展。

三、大学生创新意识的内在构成要素

大学生具有的意识和观念仍在发展状态，通过接受系统的教学，其抽象性的思维能够获得显著的发展。因而，高校创新教育是培养大学生创新意识的重要方式。大学生的创新意识具体涵盖了大学生从感性角度和理性角度对创新的认识，根据大学生创新意识不同形成方式的特点，将其分为四个方面，为培养大学生创新意识提供了有力的切入点。

可以说，培养创新意识对大学生的好奇心和求知欲的激发具有重要意义。大学生好奇心的培养，也预示着其创新意识的萌芽，这是进一步培养创新能力的基础环节。发现问题的开始可以激励大学生在有问题时进行思考、探索和创新；培养大学生的兴趣是必要的，强烈的学习兴趣、质疑精神和求知欲是基础,对培养大学生的创造性思维能力和可持续发展能力十分有利。情感培养作为素质教育的一个重要方面,实施情感教育对大学生创新素质的培养有着十分重要的影响。创新意识可以促进人才素质结构的变化,增强人的内在力量,激发人的主体性、主动性和创造性的进一步发展,从而极大地丰富和拓展人的内涵。

(一)创新动机

创新动机作为创新意识的驱动因素,可以鼓励人们把内在的创新潜力转化为真正的创造性活动,这是创新意识能够可持续发展的源泉,也是触发人们进行创造性活动的前提。不同的人产生创新动机的原因各不相同,所导致的结果也各不相同。可以说,大学生所具有的创新动机直接影响着他们进行创新活动的态度和对创新成果的评价,大学生在日常的学习生活中所建立的理想和信念,会转化为大学生的责任感和使命感,推动其主动进行创新。在大学生的学习中帮助他们树立民族复兴的远大理想,点燃其内在动力,使他们能够清晰地认识到自己的创新目标,增强内在的信念感来抵抗现实世界的诱惑和挑战,实现有价值的创新,有利于进一步挖掘创新主体的创新潜力,提高大学生的创新意识。

(二)创新兴趣

创新意识的萌发和形成必须以强烈的创新兴趣为基础,同时创新意识也注重进行创新活动的积极主动,这正是由于创新兴趣所产生的。兴趣指的是人们想要深入认识某一事物或喜欢从事某一活动的倾向。这一倾向性中蕴含着人们内在的积极情绪和主动探究的心情,积极主动地认识事物、从事活动。因而,创新兴趣指的是人们对参与创新实践活动所持有的积极态度和比较高涨的情绪。创新兴趣是活动主体开展创新实践活动的内在驱动力,不过,具有创新兴趣仅仅是开展创新实践活动的前提,并不是只要具有创新兴趣就可以产生创新意识,促进创新实践活动的开展。为了更加全面地了解创新兴趣,应具体分析它的各种特性。

(1)广泛性。社会各行各业的进步,不仅使社会的科技水平得到了迅速发展,世界上不同领域的创新水平也发生了翻天覆地的变化,这导致当下的创新环境极其复杂并不断变化。对于这一局面,需要创新主体扩大创新思维,拓宽视野,充分地吸收不同领域的知识和创新信息,产生广泛的创新兴趣。

(2)中心性。作为创新主体,不仅要培养广泛的创新兴趣,还要形成一个主要的兴趣,具体来说,是对特定方面或领域的兴趣加以深入研究。在对中心兴趣的持续研究中,会提高其在特定方面和领域有突破性发现和实践的可能,最终实现创新。

创新兴趣是人们乐于对事物或生产活动进行深入认识和创新创造的心理倾向。培养大学生创新意识的过程中反复提及创新要积极主动,这是创新兴趣直接导致的。创新兴趣可以分为三个层次,即有趣、乐趣和志趣,这三个层次是由表面逐步发展到内部的。有趣是大学生产生创新兴趣的第一个层次,大学生被创新所具有的新鲜感吸引;乐趣是大学生产生创新兴趣的第二个层次,他们能在创新活动中找到独特的乐趣,从而产生自主进行创新的兴趣;志趣是大学生产生创新兴趣的第三个层次,此时,大学生对创新的兴趣也发展成了对真理的追求,这对大学生的创新活动来说有着重大意义。古今中外的科学家,其在一些领域取得成功大多是由强烈的兴趣开始的,在该方面进行深入的思考,并花费大量的时间坚持下去。创新意识的形成是基于强烈的创新兴趣,兴趣可以使自己对所从事的事业充满激情,这也是从事创新活动的人们所应该具备的共同品质。

(三)创新情感

创新情感指的是创新主体对创新活动进行评估反馈的心理机制。只有积极、正向的创新情感才有利于创新活动的顺利开展,才会有力地推动创新意识的形成和提高。任何一项活动,都离不开智力活动与情感活动的彼此关联、彼此促进。因此,在进行创新活动的过程中,智力与情感间存在有意义的互动,能够积极促进创新的进行。但是,在高校实际的教育过程中,学校和教师将更多的注意力放在智力教育方面,以通过考试为目的的应试教育则缺乏丰富生动的情感因素,利用机械化的方式来开展教育活动。关于学生智力发展方面,日本教育心理学家泷泽武久通过一系列实验总结出,不管思考过程如何抽象,都离不开情感的参与。情感是行为的驱动器,创新情感有较强的激励作用,能够引导大学生主动探索事物更深层次的内涵,推进创新活动的成功,使大学生实现个人价值,情感上获得愉悦和满足感,进而进入新的创新活动。

（四）创新意志

创新意志是创新主体在创新活动中克服各种困难的心理因素,在创新活动的筹备阶段和实施阶段都起到了不可忽视的作用。在人们参与认识活动和物质生产活动的过程中,创新意志可以说是让人们保持奋斗状态的精神支柱,表现出了目的性、顽强性和自制性等特征。具有顽强的创新意志可以使人们在创新活动中更加坚强、坚定,因此,创新意志可以说是大学生顺利开展创新活动的必备心理素质。大学生若要在创新领域达到前人没有达到的成就,收获前人不能收获的成果,就必须继续前人还未走完的道路,或者开辟前人不曾走的道路。在进行创新的过程中,势必会遇到数不清的挫折和失败,创新主体必须具有强烈的创新意志才能够一直具有积极的进取心,战胜困难和失败,直至达到创新目标。

四、大学生创新意识培育的措施

当今社会飞速发展,我国步入了重要战略机遇期,进行创新是把握机遇、应对挑战的必要措施。提升大学生的创新意识有助于大力推动我国的创新能力和国际竞争力。培养大学生的创新意识是一个庞大的系统工程,不仅需要国家、社会、高校与家庭的支持与引导,还需要大学生进行自我教育、亲身实践和主动创新。多方面共同努力的创新意识培育体系能够推动大学生创新意识的显著发展,推动我国发展为创新型国家。

（一）优化大学生创新意识培育的社会环境

社会环境是人们置身其中的社会条件的总和,也是社会历史发展中形成的不同社会关系的总和。大学生是社会中的个体,创新是社会实践中的一种方式。大学生创新意识培育不仅有赖于自身、家庭、高校和国家的共同努力,还会受到社会环境中各种因素的影响。因此,营造有利于大学生创新意识培育的社会环境非常重要,适宜的社会环境会为创新活动提供保障,为国家培养创新型人才提供有力支持。

1. 完善国家创新体系,以保护创新研发成果

深入推进科技体制改革,不断激发创新活力,赋予对象创新能量,促进高质量发展。

第一,真正地发挥出政府在国家创新体系建设中的主导地位。利用政府的高效治理能力为大学生创新意识培育提供保障,进而促进创新活动的正常进行。重点建设相关基础设施、给予配套服务,不断完善创新成果的转化方案,把创新成果转化与市场应用有效地联系起来,使大学生创新成果进入市场流通中。打造产学研一体化的创新体系,设立专家咨询平台,为创新主体提供专业的信息,打通堵点、消灭盲点,探索不同创新主体建立合作关系的最佳方式,使产学研整个体系能够协同发展,更加高效地对科技资源加以组合利用。给予能够推动大学生创新意识培育的战略决策、政策协调、资源供应和法律援助等相关服务。创新主体在开展创新活动的过程中占据着十分重要的地位,日益完善的国家创新体系可以在很大程度上激发大学生进行创新的参与度,发挥出国家创新体系在大学生创新意识培育方面的推动作用。

第二,增加在高校 R&D(Research and Development,科学研究与试验发展)活动方面的经费投入,不断优化科研激励措施。不断提高给予高校的财政支持,适当增大 R&D 经费占比。一方面持续向基础性研究给予经费投入,另一方面重视对关键技术研究的投入,引进先进的技术设备,赋予研发人员较大的研发自主权,提高自主创新能力,在尖端科技领域不用依赖其他国家,可以独立完成。合理调整以人为本的科研激励机制,部分资金应用于提高科研人员的工资报酬,改善科研人员的研发环境和待遇,全面衡量创新成果,增加创新奖励力度,让资源配置具有合理性。

第三,重视知识产权保护。与其他创新型国家比较,我国知识产权法制化建设仍有很大的距离,亟须全面完善对创新成果的保护举措。一方面,尽快完善相关法律法规,同步进行专利法、商标法、著作权法等的修订,使不同法律具有协同性,确保相关法律能够相互协调,共同服务于激励创新。另一方面,知识产权保护必须有利于继续发展新技术,重

视在大数据、人工智能、基因技术等高新领域的知识产权问题的研究，颁布一系列政策法规来提高人们对新兴领域知识产权的认识程度和保护力度。另外，对于知识产权的侵权行为应严格执法、有力打击，在知识产权制度的支撑下帮助创新主体维权，保障创新主体的合法权益。创新离不开健全的法制，其能够为创新提供可靠的保障。健全的创新法律体系可以为大学生营造一个安全稳定的社会秩序，不仅能够保护大学生的创新成果，还能有效激发他们的创新热情。保护创新成果是保护创新型人才的基本要求，也是中国制造向中国智造转型的必经之路。

2. 打造宣传平台，加强媒体创新宣传力度

当前，信息社会的发展日新月异，涌现了多种多样的媒介形态，大众传播早已步入了全媒体时代。大众传播能够更加迅速地实现信息传播，还能够发挥宣传教育、环境守望等社会功能。媒体是大众传播的媒介，是信息传播的载体。在如今的全媒体时代，传播媒体可以在一天的任何时间发布信息，其会对大学生的生活、学习和价值观塑造等方面产生不可忽视的影响。我们应在创新引领发展理念的指引下，持续进行正面宣传，共同发挥传统媒体与新媒体的传播影响，大力宣传国家创新政策、科学文化知识、创新科研成果。

第一，正确引导传播媒体对创新意识的传播，利用媒体做好对大学生创新意识培育的宣传工作。

第二，保证媒体宣传思想具有正确的方向。大众媒体是广泛宣传党的教育方针和政策的有效平台，一定要非常坚定地拥护党的方针政策。在传播过程中严格遵循真实性与党性原则，积极进行创新宣传工作，满足及时、新颖、高效的要求，营造包容、有序的传播环境。

第三，创建多方位的宣传平台，形成创新宣传体系。在信息传播途径方面，可以借助宣传栏、电视、广播和网络等多种平台一起宣传，从不同的维度、不同的方面，利用不同的方式对大学生创新意识培育的有关内容加以宣传，各媒体平台发挥各自的优势，达到合作的目的。借助大学生更容易接受的短视频(图2-1)、微电影和公益广告加以宣传，其效果远远好于单纯的事件叙述和文字呈现。除此之外，宣传内容应取自大学生的日常生活，从大局出发，落实到细节上，以免出现与大学生的距离过大的情况，影响大学生的创新积极性。

图 2-1 有关创新的短视频

第四,调整媒体运营模式,增强宣传力度。应对传媒网络给予专门的管理和维护,严格控制进入校园的外界信息,综合利用行政、法律和技术手段来过滤和监管这些信息,防止不正确、有害的信息进入校园。利用各种形式的大众媒体,对大学生创新意识的有关内容展开全方位报道,增强宣传力度,进行及时有效的传播,使宣传内容的深度和广度进一步扩大,在大众媒体的广泛传播下使大学生的创新意识得到有效提升,提高媒体平台的宣传效果。

3. 树立创新榜样模范,进行创新引领示范

榜样示范法通过宣传模范人物和先进事迹,生动地表现了时代精神和社会主义核心价值观,在大学生中树立了一面鲜明的旗帜,引领了社会风气。当今时代,党和国家的事业开创了新的发展路径,社会主流意识形态的发展对引领力提出了更高的要求,在这一时代背景下,可以通过树立创新榜样模范的方法来帮助大学生坚定创新信心。

4. 丰富社会创新文化,营造创新文化氛围

创新文化是目前高校思想政治教育的一个重要方面,国家的创新文化与创新事业是相辅相成的。信息化是时代发展的必然趋势,文化产业在产业结构中的地位日益重要。创新文化在营造社会创新氛围方面发挥着积极作用,主要体现在以下几方面。

第一,充分发挥创新文化与时俱进的特点,消除阻碍创新发展的思想障碍。主要从文化价值观念的转变、文化知识体系的丰富、文化体制改革这几个方面着手开展创新活动。通过对文化观念、内容、形式和手段进行创新,促进文化得到创造性发展,使其能够符合当今世界发展的大趋势,与时代发展同步,与世界先进文化步调一致,满足时代的需要。

第二,让优秀传统文化与创新文化有机融合。创新文化以传统文化为根基,使传统文化被赋予新的生命力。对于世界上的任何一个民族而言,传统文化是该民族得以延续和发展的本源,倘若没有传统文化这一有力的支持,便没有了发展的不竭动力。在中华民族五千多年的发展历程中,诞生了许多光辉灿烂的传统文化。随着世界各国在各方面的合作和交流越来越密切,中华传统文化正经受着不同国家文化的竞争和冲击,在这一过程中体现出了中华文化强大的生命力和极强的包容性。当代大学生应积极学习我国优秀的传统文化,例如,大学生学习"和"的理念,在开展创新活动的活动中同其他人和谐相处,友好地沟通;大学生还应继承和发扬勤劳勇敢的良好品质,在开展创新活动的过程中积极行动,不中途放弃。

第三,多进行实践活动,使创新文化充满生命力。深圳特区的飞速发展、我国航空航天事业的光辉历程、新时代科学家精神等大量创新实践中,包含着许多创新文化内容,为创新文化的发展提供了与时俱进的实践内容。营造良好的社会创新文化氛围,让创新文化充盈社会每个角落,能够为大学生创新意识培育提供沃土,对大学生形成创新意识有较强的价值导向作用。

(二)发挥高校创新意识教育的主阵地功能

高校是大学生培养创新意识的主要场所,是国家培养创新型人才的

摇篮。现阶段我国正处于高速发展时期,高校一定要紧跟时代步伐,开发新的教育形式,尽可能地发挥思想政治教育的功能,使大学生创新意识培育有清晰的定位,丰富培育内容,提升培育质量,注重对大学生创新意识的养成,为实现我国教育现代化助力。

1. 以学生为主体构建创新教育体系

高校应在大学生创新意识培育中起到良好的引导作用,改变落后的思想政治教育观念,改革课堂教学模式,借助思想政治教育活动,构建以大学生为主体的创新教育体系,在课上教学和课下活动中激励大学生对新事物和新知识产生兴趣,并注重培养大学生的独立思考能力,在此基础上建立起具有良好活跃度的高校创新教育体系,进而有利于开发大学生的创新潜能。

第一,改变落后的思想政治教育观念,遵循围绕学生开展教育的理念。主体性是个体具有自由、理性、积极性质的本性特征,可以说大学生是创造活动的主体和价值的主体,为了使大学生具备较高的创新意识,应在进行思想政治教学的过程中清楚地把握教育的实质——建构学习主体,将人性教育放在重要地位,贯彻以学生为主体,教师为主导的教育观念。高校教师应充分尊重大学生的独立人格,在此基础上对其进行个性化教育,让大学生在学习过程中进一步表现自身优势,在教学过程中引导、鼓励大学生自主学习和思考问题,注重学习方法和研究方法的掌握,激发大学生自主学习和创新的内生动力,通过一系列措施激励大学生主动创造,使其真正地成长为不断开发创新潜能的实践者。

第二,改革课堂教学模式。综合利用新媒体技术来开展课堂教学,让高校课堂跟上时代的步伐。结合翻转课堂、智慧课堂等新型教学模式,使传统教学模式中融入新媒体技术,从而增强高校课堂的创新性。在上课之前,大学生可以在慕课、学习通等网络教学平台学习理论性的知识。在上课时,借助学生示范教学、录制短视频、小组讨论、教师点评等方式促进大学生更深入地理解所学知识,并能加以运用。借助师生双向互动的方式,有效促进师生间的良性互动。在新媒体技术的辅助下让高校课堂具有一定的趣味性,课堂教学模式形成新的形式,积极鼓励大学生使用探究式学习的方法,提高他们在课堂上的参与性,锻炼大学生自主发现问题、解决问题的创造性,启发大学生从不同层面研究创新的相关问题,发挥技术创新的优势来培育大学生创新意识。

第三,借助思想政治教育活动,重视开展教学实践。作为高校辅导员,应积极组织大学生参与能够提升其创新意识的活动。同时,关注活动中各主体的参与度,促进参与者之间的交流与互动,为了获得更好的效果,一方面组织一系列的校内实践活动,如邀请国内外的有关专业人士到学校举办创新知识讲座、召开创新主题沙龙、举行创新主题晚会等;另一方面开展丰富的校外实践活动,让大学生脱离学校的制约,有机会进入高新企业、高新技术产业园,亲身体验在高新企业中工作,促进大学生与社会和企业产生更加密切的联系。通过创建创新实习基地,为大学生提供创新实践机会,保证创新实践活动能够收到较好的效果,使创新实践能够健康稳定地发展。不断丰富创新意识培育校内外形式,加强实践教学,为大学生提供锻炼和表现的机会,让大学生切身感受创新的魅力。

2. 搭建创新教育实践平台,丰富创新教育活动

创新教育实践平台是高校进行创新教育的又一个重要场所,它实际上是对大学生创新素质教育课堂的补充。通过该平台,大学生可以全面深入地接受创新教育,将创新相关的理论知识在实际活动中加以应用,使理论与应用更好地结合起来。充分调动大学生的主体性,让其通过创新实践检验学到的理论知识,从而能够不断看到自身的不足之处,达到提升创新意识的目的。

第一,学会利用网络平台。借助网络信息技术,充分开展网络教育,将网络话语权握在受众手中,更好地进行创新教育。高校可以在不同的网络社交平台注册账号,建立起新媒体矩阵,在各平台发布创新相关的政策、知识和竞赛活动等内容,增强创新教育的实效性。利用社交平台建立创新兴趣群组,实现同大学生的互动交流。密切关注大学生的创新动态,切实地帮助他们克服在创新过程中面对的各类难题,使大学生与创新指导教师间的联系更加紧密,为培育大学生创新意识提供网络支持与服务。图2-2、图2-3分别为北京大学创新评论的服务平台、北京大学创业训练营网络平台。

图2-2　北京大学创新评论服务平台

图2-3　北京大学创业训练营网络平台

第二,号召大学生积极参与创新竞赛。创新竞赛是高校组织创新实践经常采用的一种方式,具体有学科知识竞赛、创新创业竞赛、创新成果竞赛等。我国高校是以专业为依据开展教育教学活动,创新竞赛可以不受专业设置的影响,把不同专业的大学生汇聚起来。参与创新竞赛,可以有效地培养大学生的团结合作精神、集体主义精神,达到取长补短、资源共享的效果。一方面,高校应向大学生大力宣传创新竞赛活动,并安排专业教师对其进行专业的赛前培训。另一方面,对于参与创新竞赛的大学生予以创新学分,每个参与创新竞赛的大学生会获得基础创新学分,再根据其在创新竞赛中的具体表现奖励绩效学分,实现创新学分与专业学分相转换。除此之外,对其进行物质奖励,使大学生内部对其的讨论更多、更持久,也有助于提升大学生的创新荣誉感。同时,助力获奖作品创新成果转化,与市场衔接,拓展应用场景,以激发大学生的创新意识。

第三,大力支持创新型社团的创办和发展。学生社团是大学生参与度较高的学生组织,可以推动创新教育的发展。有共同兴趣爱好的大学生一起参与各类活动,在交流与合作中对所学的创新知识加以分析、运用,由于个体存在的显著差异会碰撞出创新的新思路,因此大力支持创新型社团的创办和发展,有利于发挥社团在大学生创新实践中的积极作用。从资金方面来看,高校应向创新型社团给予专项拨款;从场地方面来看,高校应为创新型社团设立活动室或在校外开辟创新实践基地,使社团成员有固定的活动场地,稳定进行创新实践活动。通过建设多种形式的创新实践平台,让大学生以更多的方式进行创新实践,让大学生充分展示自我,探寻更多的创新可能性。

3. 建立创新型的教师队伍

高校教师在教育活动中充当着组织实施的角色,具有重要的引导作用,从一定层面来看,教师能够影响教育和教学活动的效果,决定人才的质量。新时代培育大学生创新意识要建立一支具有完善的创新知识结构、具有高尚的创新情操的创新教师队伍。

第一,应有完善的创新知识结构。建立素质良好的创新教师队伍应保证高校教师具有的创新知识结构全面、系统。高校教师一方面要深入掌握本专业的学科创新理论知识,另一方面也需要尽可能地学习一些其他学科的创新理论知识,打好创新理论知识的坚实基础,持续提高创新素养,扩大创新范围,在教学活动中传递各学科的创新理论知识,推动创新知识的传播和引导。此外,还应多加留意我国针对创新领域提出的方针政策,并正确理解其核心内容,保证教学内容能够与时俱进,抓住社会热点,力争做学习创新理论的领跑者、实践者。

第二,具有高尚的创新人格。教师的人格力量是收到良好教育效果的重要因素,教师对学生产生的影响,一方面在于知识的传授与水平的提升,另一方面在于教师展现出来的人格魅力。高校教师与大学生的关系十分密切,在大学生的学习和生活中扮演着非常重要的角色。其自身应该提升创新人格的影响力,激发学生的创新兴趣,保护学生的创新热情。高校教师也要积极参与科研创新等活动,在参与创新活动的实际行动中传递给大学生勇于创新、积极进取的创新态度,传递给大学生淡泊名利、乐于奉献的创新精神风貌。

（三）改善大学生创新意识培育的家庭环境

家庭是孩子成长过程中产生不可磨灭的影响力的存在,充分发挥家庭教育对大学生创新意识培育重要作用,适度对孩子进行创新意识培育和创新行为示范,能够协助学校、社会共同营造出有利于大学生创新意识培育的环境。

1. 家长树立创新教育观念

良好的家庭教育观念能够在孩子的成长成才中发挥正向的引导和鼓励作用。父母应细心观察孩子身心发展的特征,在不同的时期,合理调整教育观念,对孩子的创新意识、创新精神和创新思维给予引导和尊重,让孩子形成独立的意志品质和健全的创新人格。

第一,制订恰当的家庭教育目标。避免以取得优异的学习成绩作为家庭教育的唯一目的。家庭教育目标应重视孩子的个性养成,帮助孩子产生主体意识,更加全面地认识自己,形成对世界的全方位的认知,进入大学阶段时具备独立生活、独立思考的能力,不会很容易地被外在环境干扰,形成自己评判事物的标准,能够向其他人说出自己的想法,为创新思维的形成蓄能。家长应该认识到创新能力是大学生不可或缺的能力,把培养孩子积极进取、具有创新意识作为家庭教育的出发点,为学校创新意识培育奠定基础,树立家校教育一体化的理念。

第二,家长应形成正确的成才观。这会对孩子的价值取向产生影响,不能将孩子的未来与毕业找到一份稳定的工作捆绑在一起,也不能让孩子为实现家长的梦想而努力。不能仅依靠一个标准来评价孩子具有的价值,成才没有唯一的标准,将过高的期望放在孩子身上,会使孩子感到很大的压力,反而不能健康地成长。对于孩子在创新实践活动中出现的失误与失败,家长不应一味地指责,而应以包容的心态鼓励孩子敢于试错,并引导孩子从失败的经验中汲取到有价值的反思。鼓励孩子进行自主选择,培养其独立思考的能力和创新实践的勇气。只有家长树立创新教育观念,才能培养出具备创新意识,拥有独立思考能力、能够自主学习的全面发展的孩子。

2. 家长发挥创新榜样示范作用

家庭教育一般都没有确切的教学形式,没有提前准备的教学大纲,主要依靠的是家长的言传身教。培育大学生的创新意识,家长需要主动学习创新知识,参与创新实践,提升自身的创新素质。引导孩子树立正确的创新观,同孩子一起学习创新知识,为孩子树立创新榜样。

第一,重视学习创新知识。家庭教育是孩子和家长共同成长的过程,家长应清楚地认识到创新意识不仅对孩子今后的发展有利,而且有助于提高自己的素质。家长可以利用书籍、报刊、网络等不同媒介来学习与创新相关的理论知识、关注创新政策,从而提升自身的创新素质,为孩子养成创新意识给予适当的引导。

第二,主动参与创新实践。创新实践是进行家庭创新教育中有一定趣味性的方式,家长积极主动、敢于创新的行为,会给孩子树立良好的创新榜样。家长平时应留心观察孩子的兴趣爱好,经常带孩子参与创新实践活动。例如,参观科技馆、科技创新展、创新基地等,让孩子在感兴趣的活动中进行创新实践,开阔眼界,增长见识,这有助于创新意识的培育。家长的一言一行无不对孩子的智力因素与非智力因素的发展产生重要的影响,因此,培育大学生的创新意识,家长首先要塑造自我,做好表率,提升自身的创新意识,实现自我创新和发展,为孩子树立榜样。

3. 家长营造良好创新的家庭氛围

家庭在大学生的日常生活中占据着非常重要的地位,家庭氛围是大学生在家庭生活中亲身体会到的,并且会影响自身成长的环境因素。家长是营造家庭氛围的主要力量,家长营造出良好的创新家庭氛围一方面有助于培育大学生的创新意识,另一方面可以不断激发大学生的创新潜能。因此,家长应采用新的家庭教育方式,使家庭氛围更加和谐融洽并且有利于培育孩子的创新意识。

第一,促进与孩子在创新领域的沟通交流。通过彼此的沟通,家长可以更加快速、准确地了解孩子的所思所想。首先,经常与孩子进行直接、深入的沟通,倾听孩子内心的真实想法,使家长与孩子情感上的联系更加紧密。其次,与辅导员进行有效的沟通,让家庭教育和学校教育能够建立紧密的联系,有效提升教育效果。在与辅导员的沟通中了解孩子对创新理论知识的掌握情况,参与创新实践取得了哪些成绩或遇到了哪些问题,以便能够对孩子在创新过程中给予关怀与帮助,及时开展促进孩子创新意识的家庭教育。

第二,适当利用赞赏教育,鼓励孩子敢于创新。创新意识的树立并不是一朝一夕就能实现的,创新活动有较高的失败的可能性,一些大学生在经历过失败的创新经历后,没有得到及时的鼓励,变得开始否定自己,最终难以树立创新意识。因此,家长可以适当利用赞赏教育,发现孩子的创新意识后要进行支持和肯定,从而鼓励孩子继续进行创新实践。在孩子参加创新活动时鼓励孩子不能轻易退缩,让他们通过创新活动学会解决学习和生活中的困难,提高创新能力。在孩子的创新实践没有达到预期的效果时,家长应做孩子坚强的后盾,与孩子共同面对失败,并鼓励孩子寻找解决办法,帮助孩子与自己进行更加深入的对话,建立起自信心,在心理上降低创新的难度。家长应以包容的心态营造利于孩子创新意识培育的家庭氛围,鼓励孩子自由发挥自己的想象力,并进行正确的引导与鼓励,培养孩子的创新自主性。孩子得到家长的尊重,能够与家长进行交流沟通,形成主动思考问题的习惯,积极投身创新活动,创新意识自然也得到了发展。

(四)大学生自觉树立正确的创新意识

大学生创新意识的培育离不开社会、学校和家庭的影响,更离不开大学生个体的培育。大学生应该尽可能地发挥出自身的主观能动性,在日常的学习、生活中积极主动地接受创新、参与创新,走在创新创造的前列。

1. 加强创新理论知识学习

大学生进行创新不是凭空就能实现的,他们必须依靠丰富的知识储备和渊博的知识体系。创新意识培育是将扎实的理论知识作为有力的基础,内化为成体系的知识结构,使大学生具有有效运用所学知识的能力。大学生在学好本专业知识的同时,还应扩大自己的知识面,汲取不同领域的知识。

第一,学习基础理论知识。当下正处于信息时代,知识体量巨大,更新换代的速度也在不断加快,尽管如此,基础理论知识仍然是知识更新的源头。重视基础理论知识的学习,可以提升大学生获取知识、处理信息的能力,引导大学生掌握科学的方法论和正确的世界观,科学的学习方法是解决问题的根本途径,是提高创新意识的重要基础。

第二,学习专业知识。大学生进行创新实践的主要领域是大学生所学的专业,因此,大学生在学习本专业理论知识的过程中必须稳扎稳打,掌握扎实的专业基础知识。在学习专业涉及的基本概念、理论体系的同时,关注国内外的研究现状、研究趋势等。在此过程中掌握知识的内在逻辑,真正地将知识变成自己拥有的东西,扩大自己的知识容量,真正体现出专业知识的价值。

第三,学习其他学科知识。创新教育中重视不同学科之间的联系,大学生应在学好本专业知识的基础上,主动学习自然科学、人文科学、艺术美学等学科的知识。平时完成本专业的学习后,可以申请旁听其他专业的课程,主动进行创新实践,与各专业的同学沟通交流,通过想法的碰撞帮助大学生拓宽思考的维度,从不同的角度来考虑问题,探索解决问题的新方法。大学生一方面要扎根本专业的学习研究,另一方面要广泛学习,扩大自己的知识面,形成综合性的知识结构,将所学的知识融会贯通,为创新意识储备尽可能多的知识。

2. 增强创新思维方式塑造

创新思维指的是不受人们头脑中原有模式的限制,用新颖的角度来思考问题的思维方式,是创新意识的重要内核。大学生应持续认识创新思维并努力消灭思维障碍,在学习和生活中逐渐养成用创新思维解决问题的习惯,提升创新意识。

第一,认识创新思维。大学生应对创新思维有更加清晰的认知,明确其具体涵盖了哪些思维方式以及各思维方式的原理。首先,通过阅读相关书籍、浏览网页来学习创新思维的具体内容,从表层到内涵,更加全面、深入地认识创新思维;其次,参加学校举办的知识交流会、创新研讨会、创新竞赛等活动,分析自己对创新思维的认识和疑问,总结在创新思维活动中遇到的问题，向老师和同学表达自己的想法，并展开讨论，在此过程中学习其他人的经验，完善自身的不足，进一步调整自身的创新思维方式。

第二，消除思维障碍。大学生面对学习和生活中的问题，往往会在思维定式和权威思维的影响下寻找解决办法。定势思维是人们在思维活动中常用的、固定化的思维方式。面对需要解决的问题，大学生会根据过去积累的经验采取相应的措施，不过，进行创新活动的过程中经常出现一般的认知解释不了的情况，定势思维会把人的思维方式框起来，不能找到解决问题的方法。权威思维表现为大学生对于书本或专家学者等权威的盲从，缺少批判意识和质疑精神。这两种思维障碍是大学生创新思维发展道路上的两座大山，应尽早消除。一方面，大学生养成用辩证的态度分析问题的习惯。创新是辩证否定思想的灵魂，用一分为二的方式看待各种问题，意识到世界上的事物并不是绝对正确或绝对错误的，学会质疑和反思，不一味地相信权威和书本上的观点，要在实践中不断提升自己。另一方面，大学生应学会转变思维、拓展视角。对待同一件事物切入角度不同，思维方式也会随之发生改变，摆脱"一题一解"的定式思维，培养发散思维的思考方式，从不同角度入手来分析问题。

3. 树立改革创新责任感

遵循社会主义核心价值观的改革创新精神是大学生进行创新活动的内在动力，也是大学生培养创新意识的发展目标。大学生应将改革创新作为自己应尽的责任，提高创新意识，积极主动地参与创新实践，深刻地认识到创新型人才对时代发展的重要性。

第一，围绕改革创新的主旋律。改革创新精神是中华民族传承下来的优秀思想品格，是我国不同发展时期精神面貌的共同体现，使大学生创新意识培育拥有坚实的发展根基。在改革创新精神的引导下，大学生要从历史长河中获取创新智慧，还应了解时代发展趋势，关注国内外创新发展的现状，克服困难，勇于创新。

第二，树立改革创新责任感。大学生要明确改革创新时代精神的要求，主动承担起实现中华民族伟大复兴的历史使命。我国多年来的实践已经表明，核心技术要不来、买不来、讨不来，一定要提高人才的自主创新能力，这是当代大学生的责任与担当。在市场经济的大背景下，把自己的创新目标与国家的改革创新结合起来,而不是急于求成,一味地追求名和利。在学习创新理论知识和进行创新实践的过程中培养改革创新责任感,在这种责任感的指引下,创新实践中要不忘初心,认真研究;取得创新成果后,谨记身上的责任与使命,不被外界的事物诱惑,使其为社会发展和人民服务。让自己向具有家国情怀的创新型人才迈进,为国家的发展付出一份力量。

4. 提升创新实践的能力

创新意识的培育是以创新知识为基础,最终运用在创新实践中。创新实践在大学生创新意识培育的过程中产生了非常重要的影响,创新意识与创新实践二者相互融合,认真实践,有助于得到令人满意的创新成果。大学生在进行创新实践的过程中要时刻关注创新的现实需求,努力提升创新实践的能力,把创新意识应用在创新实践中。

第一,提升发现问题能力。问题是实现创新的开始,发现问题是大学生进行创新实践活动的良好开端。大学生通过大量的阅读、对前沿学术领域的持续关注,养成较高水平的学术敏锐度。开展创新小组研讨会、学术沙龙等活动,让大学生有机会同其他人分享自己的创新想法,强化深度思考的能力。提升发现问题的能力,让大学生打破固有思维的限制,产生创新的愉快体验,养成创新思维习惯。

第二,加强团队合作能力。创新实践活动一般是团队成员共同进行的,成员有不同的分工,在其中负责不同的环节,成员间做到相互学习、理解与包容,可以激发团队的创新动力,有助于顺利进行创新实践。大学生参加创新实践时需要有意识地提高自己的团队合作能力,多与团队成员进行沟通交流,使不同成员间能够相互学习、一起进步。在团队的合作中让每个成员发扬自身优势、弥补存在的劣势,使团队可以更加有效地完成创新实践,提升团队中每个成员的创新能力。

第三,提高抗挫折能力。"创"有开始的含义,创新一般代表着开辟一个新的方面。大学生在参与创新实践时不可避免地会出现自身的创新能力不能达到创新任务的要求,其内心会受到打击。对此,首先以平常心看待挫折。一方面,挫折的发生是较为常见的,进行创新实践的过程中人们会遇到各种各样的困难,挫折是人们认识世界、改造世界时一定会经历的。另一方面,挫折对人们产生的影响是双重的,既有积极的一面也有消极的一面。大学生应学会用辩证的眼光来看待挫折,具体分析导致创新失败的原因。利用挫折积极的影响,从中有所收获,提升自己的创新能力。其次,磨炼自身意志。经历过挫折和失败后,反思自己的行为,从中吸取教训,不被挫折吓倒,养成正确的挫折观。创新实践的过程中面对挫折,要学会自我调控、自我鼓励,不能立刻认输,而是进一步提升自己的创新素质或寻求其他人的帮助来战胜挫折,越挫越勇,将挑战当作机遇,在此基础上实现成功创新。

第二节 大学生创新思维的培养

创新思维是认知主体思维体系中的重要组成部分,对于创新思维的培养是教育的重要任务,实现和完成这一任务的过程是在教师的引导和帮助下学生进行思维自我认知和自我实现的过程。清晰明确地理解和认知创新思维的概念和特征,是有效完成创新思维培养任务的重要基础。

一、创新思维的概念

创新思维也叫创造性思维,作为人类大脑中的一种思维方式,它是将头脑中已经存在的思维形式,重新排列组合,以超常规甚至反常规的方法、角度去思考问题、解决问题,从而产生新颖独特的、有社会价值的思维成果。创新思维是学生发挥创造力、进行创新实践的前提和基础。为了提高大学生的创新能力,就必须加强大学生创新思维的培养。思路决定出路,大学生只有不断认识创新思维、破除思维障碍、训练自己的创新思维,才能不循规蹈矩、墨守成规,在日常的学习生活中勇于创新并有所创新。

从总体上来看,创新思维主要包括两类,即广义的创新思维和狭义的创新思维。前者指的是提出和解决问题的实际活动中能够促进创新的一切思维活动,一方面包括人们在进行思维活动时直接提出新型解决方法的思维方式,另一方面包括间接促进创新的思维方式。后者具体来说是有开创性的创新思维活动,强调在创新活动中直接形成创新成果,如灵感、洞察力、直觉和其他非逻辑思维形式。

二、创新思维的基本特征

要正确理解和分析创新思维的基本特征,必须对创新思维的实质进行归纳。创新思维的实质体现在三个不同方面,即新颖性、批判性、突破性,这三个方面是辩证统一的,是从不同角度对创新思维实质的理解和认知。基于对创新思维实质的理解,创新思维应具有以下基本特征。

(一)产生过程的自觉性

创新思维从产生过程看,是人们在实践中根据自身或社会发展的客观需要,从自身具有创新雏形的实际行为或行为预期出发,自我内生动力促成的一种思维形态。在这个过程中,创新思维主体在自我思维暗示下,在现有思维基础上,对除创新思维主体以外的人和物进行思维的抽象转化并建构到生活实践中,最终形成一定的创新成就。这个过程是思维主体在自我内生驱动力催动下,最大限度地规避现有思维和传统思维方式的桎梏,最大程度地展现自我特色,以充分发挥思维主体在思维形成和思维实践中的能动性和创造性,实现或达到自我追求的具有理想意义的思维方式。

(二)思维结构的灵活性

思维结构是人凭借外部活动逐步建立起来并不断完善着的基本的概念框架、概念网络。创新思维由于在产生过程上最大限度地规避了传统的固有思维的限制,在思维结构上就具有典型的灵活性特征,具体表现在两个方面:一方面是对外界刺激反应的选择性,即把外来的刺激(包括对第一信号系统刺激和第二信号系统刺激)纳入创新思维主体已有的思维结构时,不是单纯地吸收使用,而是会进行辩证地选择并进行充分且有意义的加工,对不符合主体要求的内容,进行必要的过滤或剔除;另一方面是思维架构或思维网络的更新性,即创新思维主体对来源于生活实际的原生素材进行思维性加工时,会依据客观实际的变动做出必要的调整和优化,以期实现思维创造的最优价值和最大意义,因而,会对自身思维的概念架构和网络形态进行一定的更新。故而,思维结构的灵活性就是在对外界刺激反应的主动选择和对思维结构或思维网络进行动态且有意义的更新的综合作用下,所形成的创新思维的又一基本性特征。

(三)思维方式的求异性

创新思维在思维方式上体现出一种与传统线性思维方式不同的非传统的非线性思维方式,最为本质的表现特征就是求异性。这种求异性特征要求思维主体在对已有思维进行求同性归纳的基础上,对自身思维方式进行辩证否定,即自我的既肯定又否定、既克服又保留,进而打破原有的思维惯性限制,找寻到新的思维突破点,作出"取长补短"的由"同性"到"异质"(指具有质的规定性即理性价值取向的"异质")的思维转变,追求一种区别性和差异性,并作出不同以往的、更具现实指导意义的思维选择。从实质上讲,创新思维在思维方式上的求异性,就是思维主体在思维方法上追求的求同性与求异性的辩证统一,既不是循规蹈矩的一味求同,也不是为变异而求异,而是基于创新思维主体客观需要对自身思维方式的辩证否定。

(四)思维过程的批判性

人的各类不同于以往的思维或思维方式的形成往往是从质疑开始的,质疑即批判,即突破,即寻求创新。就创新思维而言,批判质疑是必不可少的环节。思维主体在进行创新思维建构时,要对旧的思想和传统的思维方式进行不同程度的批判,以寻求革旧立新、推陈出新,对自身实际和外在客观条件进行必要且合理的审度,合理且有价值地进行批判,从而找到主体思维与客观需要之间最优的衔接点,促进主体思维与客观需求的最优的高水平的动态平衡,以实现自我思维创新与自我现实需求及社会现实需求的共同发展。这种思维过程的批判性,是一种具有理性价值导向和现实价值意义的思维特征。

(五) 思维结果的价值性

所谓思维结果的价值性，是指创新思维必须为人们现实地认识世界和改造世界的活动服务且产生一定的正向价值性成果，必须为一定的社会关系甚至整个人类社会作出积极的有价值的贡献。思维结果的价值性要求思维主体进行的思维创新或创新思维培养必须是一种有效的思维过程并取得实际效益的思维结果，而不能成为一种无效甚至负价值的思维过程和结果。强调创新思维结果的价值性，能够使创新思维主体以及受创新思维影响的客体获得更广泛的见识和更深刻的认知，进而为创新思维主体或受创新思维影响的客体所处的社会关系甚至是整个人类社会带来符合其发展和提升的必要的促进作用，使这种社会关系或整个人类社会实现继续发展。

三、加强学生创新思维培养

大学生的创新能力是一个完整的体系，是由创新意识、创新思维、创新方法和创新转化力为要素的整体，整体又分为三个维度，即思维意识、方法技巧和成果展现。因此，在大学生创新能力的过程中，要筑牢三维根基，充分发挥学生的主观能动性。

创新意识和创新思维是"三维根基"中的第一维度，以创新意识为基点，以创新思维为核心，从理论上引导学生。加强创新思维的培养主要从三个方面入手。

(一) 摆正对"创新"的认识，培养创新意识

创新的内涵在不同时期有不同的变化，随着我国改革的不断加深，创新已经成为内涵丰富的时代精神之一，创新的内涵也从狭义的发明新东西、创造新事物，延展到科学上的发现、体育竞技中的突破、某单位与事物形态功能的革新等。高校对于大学生创新意识的培养尤为重要，首先学校要明确不同专业在创新上的不同表现，紧随国家发展和社会需求不断深入创新内涵，提高学生的创新意识。同时，从高校层面加强大学生应对不断发展的新兴技术、复杂多变的网络环境的处理能力，对纷繁

复杂的数据信息的筛选能力,培养敏锐的观察力,发现问题和独立思考的能力。在专业知识的学习方面,学生要牢牢掌握本专业基础知识,为创新意识的培养奠定知识基础。

(二)培养创新精神

创新精神包括观察力、意志力、坚持、创新激情等多个方面,它是创新思维转化为创新成果必不可少的部分,创新精神是创新能力培养的情感动力。缺乏创新精神会在创新行为实施的过程中缺少坚持力,最终导致成果难以展现,因此培养学生的创新精神尤为重要。创新精神的培育主要有内在和外在两个方面。创新精神的内在培育主要依靠学生个人,新时代大学生作为独立的人具有主观能动性和自主选择性,因此在学习生活中要有意识地增强创新精神,将知识学习与精神培育齐头并进,通过同辈相互辅导、参与课外实践、构建师生沟通桥梁等方式磨炼创新意志,增强实践毅力、加强抗压能力等。创新精神的外在培育主要依靠高校。高校首先要树立培育创新型人才的目标,积极落实教育改革,对大学生创新精神进行积极引导。高校是学生获得知识和教育的重要场地,而课堂教学又是最重要的环节之一,因此,高校在课程设置上要融入专业前沿教育,做到专业知识与时俱进,不断更新。在教师素养方面要求教育者明确创新教育的目标,提升教育的趣味性和可操作性。通过教学手段和教育者起到思想引领的作用。其次,高校应提供课外实践帮助大学生树立创新精神。只有树立正确的创新观念和精神,才能更好地学习到创新方法和进行创新活动。教育活动除了课堂学习外,课外实践也是大学教育的重要部分,课外实践包括社团活动、社会实践等形式,高校在课外实践环节要发挥引导作用。

(三)树立创新思维

创新思维是人在对现象分析后产生的一种有意识的思考,它是创新能力培养的核心。树立创新思维对新时代大学生创新能力的培养至关重要。从学生自身因素来说,树立创新思维首先要有扎实的知识基础,了解知识的前提下可以对本专业发展前景和未来发展空间有更好的见解。其次要有独立思考的意识和能力,培养强烈的问题意识,在日常生活和学习中能够跳出"舒适圈",摆脱思维的固化,有意识地观察和思考问题,多问几个"为什么""怎么做",寻求解决问题的不同方式。

四、创新思维的基本形式

创新思维的基本形式多种多样,这里仅介绍创新活动中几种常见的形式,见表2-1。

表2-1 创新思维的基本形式及具体内涵

形式	具体内涵
发散思维	它指的是现有的信息,通过不同的角度和方法产生多种不同的解决方案,由此获得不同的结果,差异越大,关联就越丰富。系统的思维过程具有辐射性、放射性和开放性的特点。发散思维的过程就像车轮上的车圈,车圈上的很多辐条以直径为中心向外发散
收敛思维	与发散思维正好相反,它是寻求最佳答案或逐步推出已知前提的唯一结果。收敛思维就像是车圈上的辐条由外部向中心收敛,因此收敛思维是一个具有单一目标且封闭的思维形式
逆向思维	我们应该从相反的方向思考问题的解决方案,避免单一的积极思考和一维认知过程的机械化,克服线性因果关系的简化,并从相反角度观察和认识对象
联想思维	联想思维将已掌握到的知识与某个思维对象联系结合起来,并从其相关性中汲取灵感和启发,从而获得创新想象力。联系越多,就越有可能出现新观念、新想法及新方案
纵向思维	它是指在固定的结构框架内按照可预测的方向及顺序进行程序化思考的形式。这种思维形式与人们对事物的认知习惯是一致的,比较清楚且合乎逻辑
横向思维	它是指突破问题的结构范围,从其他领域的事物和事实中汲取灵感并产生新思想的思维方式
直觉思维	直觉思维可以通过很少的本质现象直接掌握事物的本质和规律。这是一个没有争论的判断,也是思想的自由创造
灵感思维	灵感思维是人们在直觉的作用下面对问题时会突然理解的一种形式。当需要解决问题时,可以以适当的形式突然呈现隐藏的事物在潜意识中的信息

五、创新思维方法

利用多种创新思维方法来开展创新思维训练,从而增强个人或团体的创新能力。到现在为止,不同国家结合自身国情和其他因素已经得到了超过 300 种创新思维方法。这里以工业设计专业为例,通常情况下培养大学生的创新思维能力,经常利用且效果显著的创新思维方法为智力激励法、发散分析法、联想演绎法,如图 2-4 所示。

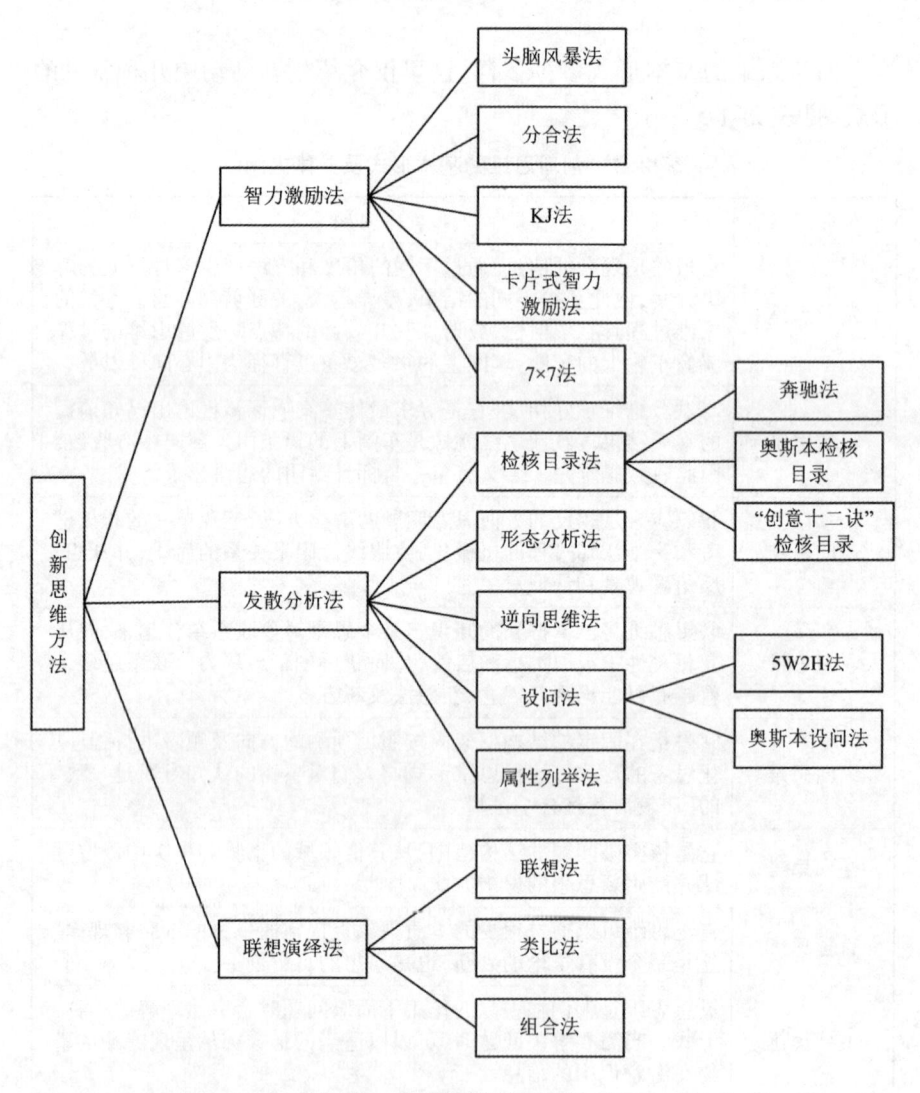

图 2-4 创新思维方法

本节将创新思维方法与市场调研分析方法相结合,阐述了在工业设计专业课程教学中培养学生创新思维的策略。在开发的教学案例中,主要利用了以下创新思维方法。

第二章　大学生创新意识与思维研究

（一）头脑风暴法

头脑风暴法是一种较为常用的激发思维的方法，是美国的创意研究人员奥斯本在1939年提出的。该法通常是采用座谈会议的方式实行的，一步步地引导参与者围绕特定的中心议题进行深入思考，畅所欲言，突破固有思维的限制，独立表达自己的看法。这一形式有助于十分平等地关注每位参与者的想法，进而碰撞出更好的新的观念和创新想法。

头脑风暴法是一种激发集体智慧的方法，在工业设计教学中头脑风暴法无处不在，从教师的授课方式到学生的产品调研、设计以及交流展示都会用到头脑风暴法。传统的教学模式是师傅带徒弟式，已经满足不了工业设计灵活性的教学需求。教师应引导学生发挥主动性，发布课程任务后，让学生在产品的调研、定位、设计、方案的交流展示上都可以群策群力，发挥群体智慧，让学生乐享于头脑风暴中。学生在头脑风暴的过程中，能够大胆发表自己的观点，激发创作灵感，提高学习积极性，为创新设计添砖加瓦。

（二）KJ法

KJ法又叫作亲和图法，属于调查和分析方法，由日本学者川喜田二郎教授在1964年提出。该法是借助卡片排列的形式来获取不同领域中的海量信息。在较为复杂的调研过程中，参与人员应梳理分析的思路，找到不同卡片间的联系，把握好问题的本质，进行一系列的整理、比较、分类实现归纳和分组，化繁为简，最终确定解决问题的方案（图2-5）。

KJ法在工业设计教学中的应用十分广泛。例如，在产品调研的过程中，将会面对大量的产品样本和错综复杂的消费者需求，这时教师可以引导学生运用KJ法将产品的样本或者消费者的需求意象进行分群归纳，进而找到解决问题的针对点，从而更有效地提供设计方案。在学生进行头脑风暴时，也可采用KJ法将群体智慧和观点归纳处理，找到最佳的方案设想。

```
确定主题
   ↓
纸片制片
   ↓
归纳小组
   ↓
纸片整理
   ↓
确定方案
```

图 2-5　KJ 法操作流程

（三）形态分析法

形态分析法又叫作形态矩阵法，这种创新思维方法是美国天体物理学家弗里茨·茨维基提出的。基于系统观念，把研究对象看作由不同设计元素构成的整体，接着对这些设计元素加以系统分解，最后，将得到的设计元素重新组合为不同的整体。

形态分析法的主要步骤如下：

（1）明确问题。

（2）根据目标对其加以分解，依据各自的属性进行定义。

（3）建立多维矩阵模型，其中涵盖了全部解决方案。

（4）评判不同解决方案的可行性，加以比较确定最佳方案。

在工业设计的教学中，面对产品设计的创新或优化不知如何操作时，便可采用形态分析法。形态分析法可以将产品的形态进行初步解构，将结构的设计元素再重新组合，从而创造更多的设计新方案。

（四）联想法

联想法可以说是一种最为常用的创新思维方法。根据已掌握的事物自由联想出另一个事物的心理过程，或是通过强制联想形成新的想法。其主要包括自由联想法和强制联想法。前者是基于个人具有的知识和经验，进行不受限的思维活动，从多方面、多角度来探索解决方案。

后者又叫作焦点法,将思维强制性地限制在一定的范围内产生联想,在设计领域经常会使用此方法。

(五)5W2H 法

5W2H 法又叫作七问分析法,是由二战中美国陆军兵器维修部提出的。这一方法包括 5 个 W 和 2 个 H 开头的英文提问,依次从不同方面对该问题进行提问,得到解决该问题的方案和线索,开展设计构思,提出新的发明方案,见表 2-2。这一方法非常容易理解,使用起来较为简便,能对人们产生较强的启发性,有助于弥补人们的疏忽。

表 2-2　5W2H 法问题设问表

5W	what	设计的对象是什么?目的是什么?
	why	为什么设计?原因是什么?
	when	什么时间进行?什么时间结束?
	where	从哪些方面入手?
	who	由谁来负责?谁来完成?
2H	how	怎样设计?如何实施?
	how much	做到什么程度?质量水平如何?

5W2H 法有助于实现设计过程中思路的条理化。通过调研和分析后,我们会得到产品设计的设计方案,但是我们不确定哪个方案可行,是消费者期望的产品,所以我们就需要运用 5W2H 法来检讨自己的设计方案是否正确可行。例如,设计出的产品是什么样子?需要准备什么进行设计?设计出的产品要达到什么程度?多久可以设计出来?若在方法的实施中,找到了问题和不足,那么设计师就可以此对方案进行完善。为了保证设计方案的有理有据,此方法是非常可靠的检讨法。

(六)逆向思维法

逆向思维又叫作反向思维、反转思维,这一打破了常规的创新思维方法是从相反的方向来认识事物、思考问题的思维方式。这种思维方式具有显著的相反性和科学性,打破了人们的思维定式,不仅能探索出新的解决方案,还可以实现创新设计,往往能收到惯常思维不能达到的效果,使人们更加便利地处理工作和生活中的问题。

第三章　大学生创新创业的准备

我国的未来在于大学生,中华民族的精神永恒则在于大学生旺盛的创造力和创新追求。随着就业压力的增大,大学生创新创业开始逐渐受到重视。当代大学生的就业观已经不同于以往,鼓励创业、保护创业、崇尚创业的大环境正在逐渐形成,且大学生通过自主创业,可以将自己的兴趣与职业紧密联系在一起,最大限度地发挥自己的才能。

第一节　创新创业知识的准备

知识是指对社会运行中各种行业、群体、个人和自然现象的综合规律的理解水平。要想成为管理人,必须拥有更全面的知识。

一、创业知识的习得

基于大学生个体人格特征的差异,有必要构建一个能够对大学生潜在创业群体产生积极影响的创业教育体系。创业教育作为一种针对大学生未来潜在创业行为的"前置性"的素质教育,具有"介入性"和"后育性"的特点。"元认知"作为个体辨别和分析认知过程和结论的教育活动,本质上属于个体对其行为的再认知形式。

随着"双创"等促进创业政策措施的全面深化,大学生创业创新活动比以往更加活跃。根据大学生创业行为的社会动机和个人意愿,基于组织行为理论,从个人选择和外部驱动两个方面对大学生的创业活动进行个体考察,关注创业动机,进行"元认知"分析,分析具体的创业行为和面临的瓶颈。

从组织行为的角度来看,大学生的创业行为不是发生在真空环境中,而是发生在特定的社会环境中。他们的创业动机主要来自两个方面。一方面,大学生的创业动机源于他们实现自我价值的需要。大学生有一定的专业知识基础和尝试新事物的意愿,而创业行为恰恰可以满足他们对新事物的好奇心。同时,大多数大学生认为,如果他们能在学生时代通过创业积累一定的财富和社会经验,无疑会带来自豪感和满足感。总之,学生自身各种复杂心理活动的综合作用促使越来越多的大学生尝试创业实践。另一方面,大学生创业越来越受到各级政府和社会各方面的重视和支持。各地各部门、各高校出台了支持大学生自主创业的各种激励措施和扶持政策,辅以各种荣誉激励,对促进大学生创业形成了一定的外部驱动作用。

大学生创业群体在接受创业知识和理论基础教育后,获得了一定程度的创业知识认知。大多数大学生创业者在创业实践过程中通过自己的理性思考,能够树立参与创业的实践意识和基本方向。然而,这种相对无知的创业行为意识很容易夹杂着一时的激情和盲从,导致对他们准备从事的创业活动以及创业的基本原则和实践知识缺乏深入了解,偶尔会出现延误、困惑,或行动缺乏动力。通过观察他们创业意识和行为的动态过程,不难发现,在高校创业教育中,相对缺乏模拟的社会化场景和体验式、案例式的创业实践教育。这在一定程度上导致了部分大学生创业行为中理性思维不足、知识能力结构匹配不足的现象。

创业活动是对参与者判断、创新、意志力和合作能力的全面挑战。就目前大学生创业的成功率而言,高水平的代表性项目并不常见,这表明大学生创业团队和个人或多或少存在相对复杂的创业约束。在创业决策的准备过程中,大学生通常更注重创业知识和技能的获取,并渴望了解创业政策和流程,以便对即将到来的创业活动做出更详细的安排。这些创业前的系统学习和认知过程可以被视为一种"先发制人"的准备和预防预期风险的"预测性"措施。如果"先发制人"的准备不足或"预测性"的预防不科学,将导致创业实践中的障碍甚至失败。

高校创业教育中陈述性知识、程序性知识和条件性知识等不同类型知识的获取机制存在明显的个体差异。当前,尽管高校创业教育已经产生了一定的规模效应,但加强大学生创业教育的社会效益仍是深入实施创新驱动发展战略、推进大众创业万众创新工作的难点之一。

高校创业教育与传统的学科教育有一定的区别。传统学科教育的主要目标是传授专业知识,而大学的创业教育不仅传授创业知识,更注重在实践中培养大学生的创业精神和能力。此外,科学有效的评价机制对提高高校教育教学质量具有显著的促进作用,对优化创业教育具有反馈和调整作用。因此,建立科学合理、可操作的创业过程评价机制,是加强高校创业教育建设的必然举措。

二、创新创业知识产权教育

创新创业意识是指对创新创业的渴望和动力,是连接创新创业理念和实践的桥梁。这种欲望和动力是企业家的必要条件,它在实践中孕育,高于实践,对创业者选择创新创业领域、及时掌握创业核心技术具有重要指导作用。知识产权的内在创新和动力决定了创新创业与知识产权的兼容性。以知识产权的创造和应用为内容,形成了许多智力成果,是创新创业的重要杠杆。

高校知识产权教育是大学生获得创新创业所需知识产权相关理论和技能的重要途径,是培养创业型大学生必不可少的基础教育。知识产权的跨学科性和复合性特征可以拓展大学生的思维广度,改善他们的知识结构。通过理论和实践教学,企业家可以更全面地思考知识产权的开发、运营、维护、管理和服务,增强尊重创新和知识产权的意识,优化知识结构,培养用专业思维解决创业初期问题的习惯,熟练理解和掌握知识产权各方面的运作,为社会带来有价值的创新产品。

知识产权作为一种无形财产,在企业家的正确操作和应用下,可以为创新创业企业提供前沿的发展方向,带来新的发展机遇。因此,如果企业家在校期间接受系统的知识产权专业知识培训,尽早掌握知识产权资源,必然会提高创新创业活动的成功率。构建全面的知识产权教育体系,培养大学生的知识产权素养,不仅可以增强创新创业企业的核心竞争力,还可以有效避免知识产权侵权纠纷,促进创新创业项目的可持续发展。

创新创业知识产权教育是一项内容丰富、高度复杂的系统工程。单纯的法律理论知识不能满足大学生的实际需求,还需要管理、经济、技术等领域的相关知识和实践经验的支撑。这对高校教师的知识广度和实践水平提出了更高的要求。目前,在我国大多数高校,知识产权的教学内容仍局限于"知识产权通论""专利法"等理论知识。尽管大多数大学已经开始将大学生创新创业素质的培养纳入教学内容,但由于上述人才培养目标和教师结构的局限,我国知识产权教育重理论轻实践的问题仍然突出,知识产权教育与创新创业活动之间仍然没有建立有效的联系。如何通过合理的课程规划,将创新创业素质教育融入知识产权教育,增强大学生创业创新的积极性,是推进高校知识产权教育的关键问题。

虽然在"互联网+"的背景下,网络教育作为创新创业知识产权教育的新突破点,受到了各大高校的关注,但在实践中,大多数师生对网络资源的使用仍然局限于获取信息等初级层次,很少有高校建立专门的创新创业知识产权在线教育平台。

高校创新创业知识产权教育体系建立在准确的教育定位基础上。准确的教育定位对高校创新创业知识产权教育体系的形成具有重要意义。大学在制定具体的培养目标时,应坚持层次结构原则。一方面,为了满足大多数大学生在创新创业初期对知识产权相关基础知识的需求,高校应科学定位通识教育的目标。通过开设必修课,不同专业的大学生可以尽早掌握创新创业所需的知识产权制度、管理、应用等相关信息,提高大学生的整体知识产权素养,扩大金字塔的基础;定期开展知识产权普及宣传活动,吸引大学生对知识产权领域的关注,在校园内营造良好的知识产权氛围,积极引导大学生参与创新创业活动,为培养创新创业型大学生提供强有力的人才保障。另一方面,大学应开设更多专门的知识产权选修课,并鼓励有兴趣的大学生在接受知识产权普及教育后,从长远来看继续研究和学习知识产权专业知识。知识产权选修课旨在培养高学历、专业化的知识产权理论人才,以及理论与实践并重的创新创业人才。当条件成熟时,大学可以将知识产权作为一个单独的学科来对待,并将培养水平提升到硕士和博士水平,从而增加金字塔的高度。高校要在深入了解国家和社会实际的基础上,结合自身特点,科学合理地制定创新创业知识产权人才培养目标,为社会发展提供应用型、复合型、德才兼备的知识产权人才。

要把知识产权成果真正转化为创新创业资本,光靠课堂教育是不够的,还需要将社会力量引入知识产权教育,加强高校与企业之间的合作,建立校企合作平台,组织大学生到知识产权部门学习,使企业家在创业初期能够接触到实践过程,促进大学生知识产权成果转化,提高高校就业率,把创新创业提高到新的水平。

此外,大数据辅助教育的功能在知识产权教育中也发挥着重要作用。教师的教学行为、教学过程、学生的学习过程和学习成果都会转化为大量的数据。① 对数据的综合分析,可以有针对性地提高教学质量,更准确地评估学生对知识的掌握程度,掌握学生的学习特点,实现真正的因材施教。中国的知识产权正朝着高标准迈进。加强高校知识产权教育,培养创新创业人才,是时代赋予高校的新使命。通过改革人才培养模式,将知识产权教育融入创新创业人才培养的全过程,不仅可以为大学教育改革提供新思路,还可以有效促进大学生的创新创业行为,为社会发展提供知识经济中的合格人才,为国家竞争力的不断增强提供新的助力。

第二节　创新创业能力的准备

企业家素质和能力是企业家必须具备的一个全面的概念。创业能力是指在创业精神的引导下,在从事创业实践活动的过程中表现出来的获得创业知识、发展创业技能、增强创业意识的高水平综合能力。在现代社会,竞争日益激烈,企业家能否获得优势并在创业中取得成功,主要取决于他们所拥有或能够应用的各种能力。

一、能力素质

（一）能力素质的定义

能力也可以称为"胜任力"。哈佛大学的大卫·麦克兰德教授是最早对这一概念进行系统解释的学者。这是从能力和质量层面探讨个人

---

① 刘畅.大学生创业能力研究及其培养[J].南京工业职业技术学院学报,2011,11（3）:3.

与工作绩效之间关系的范围。在大卫·麦克兰看来,个人所拥有的深层次属性,包括态度、动机、价值观、自我形象和特质,是对员工进行"优秀"和"平均"评价的重要特征,也是被称为"素质"的关键因素。这些因素决定了工作绩效能否持续,是员工产生高水平绩效的动力和源泉。它们还反映了员工通过不同方式所拥有的知识、个性、技能和内在动力。目前,大多数公司倾向于依靠知识和技能来选择员工,但实际上存在许多疏漏和不合理的方面。从实践的角度来看,隐藏在质量中的部分在有效利用员工所拥有的知识和技能方面发挥着至关重要的作用,甚至可以产生决定性的影响。

(二)能力素质模型的应用

能力素质模型建立在人力资源开发和管理过程中,对各项职能的具体实施起到技术支持作用。简而言之,胜任力模型是一个集合术语,它结合了在某个职位上取得优异业绩的要求,描述了不同级别员工的核心能力和相应的行为。由于胜任力模型的优异性能,它已被应用于除企业管理之外的其他行业和领域。联想、海尔、中兴、华为等知名企业相继将胜任力模型应用于人力资源管理。随着对胜任力模式的理解不断加深,国内咨询和商业领域对该模式的热情也在不断高涨。从某种意义上说,这是对胜任力模型本身价值的探索和肯定。

二、常见的创业能力

能力总是与某些活动的完成联系在一起的,如果没有具体的实践活动,就无法表达或发展人的能力。创业能力包括获取创业资源、整合和增强创业资源的能力,以及运营和管理、协调领导、识别和开发机会的能力。只有综合运用这些能力,创业才能成功。

(一)判断能力

一个人最重要的能力是判断力。如果没有正确的判断,他们可能会失败。联想起步之初的艰难得益于一个准确的判断。具体而言,企业家应从以下几个方面培养其分析和判断能力：首先，他们应该是有责任心的人，在日常生活中进行更多的市场研究，并根据研究做出决策；其次，要培养更多思考的习惯，分析可能的结果，并制定相应的措施；最后是向同龄人学习，集思广益。

（二）领导能力

"领导能力"的含义是"引导和领导的能力"。领导能力是领导体系中的一个基本的、战略性的范畴，是指领导者在一定条件下，通过个人素质的综合作用，为特定的个人或组织产生的个人凝聚力和魅力。它是把握组织使命、保持组织卓越成长和可持续发展的重要推动力。企业家可以通过他们的领导技能动员人们围绕他们的创业目标和使命努力。

领导能力可分为以下几类：

（1）变革型领导。转变型领导具有适应性强、可塑性强、灵活性强的特点。它可以使团队和企业在快速变化和高度不确定的经济环境中更有效地生存和发展，包括四个维度：榜样影响力、激励动机、智力刺激和个性化护理。

（2）富有远见的领导。愿景领导力强调领导者自己在理解员工的同时，通过激励追随者来建立组织文化，在组织中扮演"组织设计师"的角色，并为组织建立共同工作的愿景——安全领导力。

（3）隐形领导力。无形领导力作为一种文化力量，构成了领导力的灵魂，决定了决策权和执行力。无形领导力作为一种影响力，也体现了领导力的魅力，是落实具体领导技能的有效渠道。执行力，提交结果不仅可以通过口头交流，还可以将想法转化为实际行动计划，并直接参与和领导计划的实施，从而将想法与结果联系起来。

（三）营销能力

营销能力是营销技能最直接的表现，是所有营销和销售行为的结果。对于创业者来说，有效的营销至关重要，因为创业公司往往负担不起广告费用，只能通过亲自拜访目标客户来获得订单。一旦创业，我该怎么办？我们下一步该怎么办？我们必须有一个清楚的认识。如果一种产品被制造出来，但没有人购买，公司就会陷入亏损状态。无数公司迅速起步,但最终倒闭。其中一个根本原因是他们不知道如何推广自己的产品和品牌。因此,要"销售"公司,不但要销售公司的产品,更重要的是,随着产品的销售,销售公司的品牌。换句话说,就是让公众认可公司的品牌,让大家知道产品是从这家公司销售的。

(四)用人能力

在创办一家新企业时,组建一支强大的核心团队是很重要的。要充分利用和发展企业现有人才,实现"人人才能最大化"的目标,建设一支"学、教、培"相结合的学习型人才队伍。企业家在与下属打交道时应该具备两个素质:一是"德",即奖励下属,学会分享财富,以凝聚人心,激励工作;另一种是"权力",它是由一个廉洁的政府建立的,敢于惩罚下属的不当行为。只有将二者有机地结合起来,才能做到"宽严并济、德权并济""奖罚分明",才能进行有效的管理。只有"奖励"才能激发员工的动力,激发他们的专业精神,并塑造员工可以效仿的榜样。

(五)创业精神

企业家精神是企业家自身人格特征的外在表现。其中,追求独立、敢于冒险、渴望成功、坚持不懈和努力工作的精神品质都是促进创业精神产生和加强的关键因素。

对于创业者来说,创业过程和足球比赛过程有着惊人的相似之处,充满了困难和障碍,但这并没有削弱他们自己的拼搏精神。如苏宁的精神可以简洁地概括为:坚持追求卓越,永不放弃。正是通过这种精神,他们在创业之旅中取得了阶段性的成功。

(六)创新能力

人是创新的主体,只有企业家不断创新,企业才能不断发展。因此,作为一名企业家,必须具备管理、技术和市场方面的创新能力。

创新可以说是创业人才所具备的核心能力。无论是在创业过程中发现新思路、抓住新机遇、寻找新市场,还是撰写具有发展潜力的创业计划,都需要创新在创业融资和企业运营、管理和控制中发挥作用。创新可以显著影响创业活动的效率,促进主要创业实践活动的顺利进行。创新能力来源于创造性思维。成功的企业家必须具备想象力、敏感性、独立性、新颖性、寻求多样性和灵感等突出品质。具有创造性思维的人可以将他们的知识应用于不断变化的市场需求,并将其与市场供求的变化紧密结合,开发新的产品和技术。创造性思维不仅强调学习知识的能力,而且强调发现和解决问题的能力。19世纪末,美国加利福尼亚州发生了淘金热。一名17岁的男孩也想加入加利福尼亚淘金热队。然而,他发现淘金并非易事。他害怕那些野蛮的淘金者。然而,当他发现金矿工人在炎热的天气里经常口渴时,他挖沟渠从远处的河流中取水,过滤三次,然后卖给当地的金矿工人。金矿开采有风险,当时他可能无法在加利福尼亚州找到黄金,但卖水是非常安全的。他在短时间内通过卖水赚了6000美元,然后回到家乡建立了自己的罐头厂。他后来被称为美国的"食物之王"亚历山大。大多数成功的企业家都有独特的见解,他们可以从不同的角度看待问题,并能够不断创新和探索新的市场需求。因此,企业家不仅要能够发现市场需求,还要注意不同事物之间的联系。

(七)经营管理能力

企业管理能力是通过人、财、物、时、空的合理结合,为人类生存和发展提供有利条件的综合能力。

1. 战略决策能力

各种政治、经济和文化因素在创业环境中相互关联。在这种复杂的情况下,很难做出完美的计划,这就要求企业家具有良好的战略决策能力,能够综合考虑经济发展规律、市场发展变化和国家政策法规,正确评估创业机会和计划。战略决策能力是企业管理的核心能力。

2. 资源整合能力

资源整合是指公司对资源来源和水平的理解。识别、选择、提取和有机整合具有不同结构和内容的资源的动态而复杂的过程,可以使其具有高度的组织性、系统性和创造新资源的价值。创业过程需要将现有资源与企业发展、市场变化等因素不断整合,实现整体优化及资源价值的最大化。

3. 沟通协调能力

它可以帮助企业家减少摩擦,解决冲突,整合关系,增加合作意向,并为他们之间以及竞争对手和客户之间的合作奠定良好的基础。

(八)时间管理能力

企业家可以从以下几个方面提高他们的时间管理技能。

1. 严格规定完成期限

如果我们只有一个小时的时间来做这项工作,那么我们将能够在一个小时内快速有效地完成它。在计划工作时,为每项任务设定最后期限并在计划的时间范围内完成任务将有助于提高工作效率。

2. 学会列清单

在做某事之前,有必要详细列出任务并指明其优先级,这样可以更好地安排工作时间,而不用担心在工作期间不知道该做什么,也不用担心直到该完成工作时才意识到还有很多事情没有完成,然后开始匆忙处理手头积压的工作。不要相信自己会用心记住每一件事,当我们看到一长串清单时,我们也会产生紧迫感。

三、创业个性的培养

创业能力的提高需要通过学习知识和技能、实践和培训活动、创业实践、日常学习和生活来培养。企业家要具备这一核心能力,就必须具备良好的企业家人格,这是培养关键能力的基础。那么,如何培养一个人的创业个性呢?

第一,积极的个性,能激励自己。培养自己乐观的个性,经常从积极的一面看待悲观的事情,注意观察周围事物中是否存在危机和消极现象,培养自己从积极的角度看待这些现象和问题,并提出可能的化害为利的解决方案;当感到不知所措和压力重重时,学会与家人或朋友站在一起,通过学习或讨论找到解决方案。

第二,要有一个敢于冒险的性格。企业家首先是"投资者",有了投资,就有了风险。创业需要冒险精神。① 培养冒险个性可以通过户外训练、户外活动、独自郊游和其他活动来实现。它也可以通过积极的课堂演示和与教师的讨论来实现。它也可以通过财务管理、股票购买和其他方式来培养。

第三,不放弃的性格。奋斗和挑战是企业家需要拥有的。创业可能会失败,失败后他们不会气馁,而是会继续前进,直到成功。正处于学习阶段的学生可以通过竞选班干部,或者挑战某个难度较大的考试来完成。

第四,敏锐的个性。快速的个性可以使人们迅速做出反应,对发现机会具有重要意义。培养敏锐的个性可以通过快速计算、目标跟踪、辩论比赛或激烈讨论来实现。

第五,善于交朋友的个性。良好的沟通和网络技能是成功创业的重要条件。培养交朋友的个性,就是主动问候他人,尽可能多地为他人着想,让交朋友成为一种乐趣。可在节日期间定期问候朋友,报告自己的进展,倾听他们的进展,并一起分享快乐。

四、创业能力的困境与对策

大学生作为社会发展的未来和动力,就业后参与创新创业已成为必然趋势。如何培养大学生的创业能力,提高自身竞争力,需要不断探索和思考。高校毕业生是经济发展的主力军,是社会可持续进步的动力;通过赋予大学生创业能力,他们将勇于创业,积极参与经济建设,促进市场经济建设体系的快速发展。近年来,中国高等教育发展迅速,许多大学都在根据实际情况实施扩招政策。中国已经成为世界上的教育大国,在这种情况下,高等教育不能停滞不前,改革迫在眉睫。高等教育

---

① 钱娜,周湘杰,王珂.高职生创新创业指导[M].北京:中国铁道出版社,2020.

改革应首先培养社会发展所需的人才,并根据社会需求确定人才培养目标。社会发展迫切需要创业型人才,这也是新时期高等教育人才培养的需要。培养学生创业能力的主要困难在于以下几个方面。

(1)缺乏对创业价值的正确理解。大部分学生还没有正确认识到创业的价值,对创业的认识还处于模糊状态。这种现象必然会影响大学生参与创业学习的积极性,也会影响创业能力培养的有效性。

(2)创业教育的实践性不强。许多学生并不看好创业,认为刚毕业的学生既没有创业资金,也没有创业经验,参与创业纯属浪费金钱和时间。

(3)创业指导教师短缺。在现实生活中,无论是辅导员还是兼任创新创业课程的专业教师,都只注重理论,简单介绍创业、商业模式开发等成功案例,没有进行实践和实践观察,缺乏实践性。在这种教学模式下,许多完成创新创业课程的学生根本不具备创业能力,甚至有些学生不会写商业计划书。即使他们不情愿地写出来,也无法反映市场的发展趋势、销售渠道和财务风险。

在大学生创业能力的培养过程中,影响因素很多,但主要涉及上述三个方面的困难。为了解决这些困难,我们提出了以下对策。

(1)采取多种措施提高大学生的创业意识。只有让大学生对创业有更深入的了解,才能提高自我效能感,树立创业意愿。高校是培养大学生创业能力的主体和责任单位,应承担加强宣传的责任。只有多管齐下,学生才能意识到创新创业的重要性并积极参与其中。鼓励学生通过宣传阐明创业的内涵和动机,让学生明白,创业不是短期的激情,也不是简单的投资。这需要毅力、辛勤工作和取得进步的决心。要依靠所学知识掌握专业技能,结合长期积累的经验,整合相关资源,才能真正取得成功。

(2)结合内外部因素,加强大学生创业实践。高校要建设多渠道、多平台的创业实践基地,为大学生创业实践提供更多机会。在提供创业实践培训时,大学可以考虑内部和外部相结合的方法。围绕校企合作模式,打造"产学研"一体化模式,建立实习基地和创业产业园;通过校办产业和技术开发公司等模式筹集资金。

(3)整合资源,打造一支强大的师资队伍。教师是教育教学的基础,其重要性不言而喻。没有一支强大的教学队伍,培养大学生的创业能力只是一句空话。因此,加强创新创业教师队伍建设至关重要。

随着时代的发展,创业能力已成为大学生必备的素质,这也是提高就业率的重要途径。因此,培养大学生的创业能力受到了社会各界的高度重视。

五、创新创业能力培养机制构建

在新时代背景下,大学生创新创业能力的培养面临着各种风险和障碍。要解决大学生理论与实践脱节的问题,加强产教融合已成为必然选择。随着我国各项政策法规的不断完善,多主体协同助力大学生创业已成为时代主流和趋势。因此,要将创新创业教育贯穿于高校教育的全过程,不仅要提高学生的理论知识水平,还要通过政府陆续推出的高校创业政策,积极整合社会资源,促进大学生专业理论与创业实践的有效融合。

学校创新创业教育的缺乏已成为当前大学生创新创业的一大障碍。专业知识的获取是大学生学习的首要任务,但要提高大学生的创新创业能力,健全的创新创业教育体系至关重要。目前,一些高校以辅导员为主要教师进行大学生就业指导,导致指导的形式和内容存在很大局限。辅导员身兼数职,缺乏创业实践经验,导致创业指导流于形式。在高校不断扩招的背景下,大学生的就业压力更大,社会对高素质人才的需求也在增加。更需要高校及时构建创新创业教育体系。对于高校来说,不仅要教授专业理论知识,还要从学生未来职业生涯发展规划的角度,重视对学生创新创业能力的培养,增强他们的创业意识,提升他们的创业能力,构建新时代创新创业人才培养体系。

学生是一个民族、一个国家未来的中坚力量,他们的身心健康决定了他们未来的人生方向。良好的身体素质和心理素质是创新创业的根本保证。强大的心理韧性可以抵御创业失败带来的挫败感,增加创业的动力。此外,提高大学生创新创业能力的关键是建立系统、全面的课程体系,并将能力培养贯穿于大学教育的全过程。从课程体系建设入手,高校不仅要扎实推进专业理论教学,还要根据不同专业创业的实际情况,制定有针对性的创业教育计划。尤其是思想政治内容的整合,可以为健全的教育课程体系注入更多的活力。此外,大学不仅要在理论上做好专业知识的教学,还要在实践中为大学生提供更多的实践空间,实现两者的有效衔接,使他们充分理解创新创业的内涵。建设产教融合基地是促进学生从理论走向实践的有效途径。通过亲身体验和实际操作,大学生能够真正体验到企业先进的经营管理方法,了解公司发展过程中遇到的各种问题,从而提高创业信心。

第三节 创新创业素质的准备

在社会中,素质通常被定义为:一个人文化水平的高低;身体健康水平;家庭继承的认知惯性能力、对事物的洞察力、管理能力、智商和情商;全面反映所取得的专业技能水平。素质的来源在于沟通的层次和传达的印象和品位,分为职业素质和社会素质。企业家素质是指企业家的个人素质,即心理素质和人格素质。创业素质是创业的基础。创业质量无法承受创业的重量,创业就会失败。美国加州大学经济学教授Danny W. Sinclair(丹尼·W·辛克莱尔)在《财富情报》中将创业品质分为人格品质、商业品质和文化品质。

一、大学生常见的创业素质

创业是个人或数千人共同创业并持有所有权的过程。从广义上讲,创业是通过开拓思维和创造性劳动创造基础、创造事业、取得成功。在当今世界,企业家的素质和能力往往决定着创业的成败。大学生有数百万条创业道路,成功人士所具备的品质往往有很多相似之处。企业家的个性大不相同,成功的方法和途径也不同。但通过对一些成功案例的总结和分析发现,企业家的素质在以下几个方面表现出共通性。

(一)创业者的心理素质

企业家的心理素质是指他们的心理状况,包括自我意识、个性、气质、情绪等心理成分。自我意识的特点应该是自信和自主,个性应该坚强、执着、果断、开朗,情绪应该更加理性。根据成就动机理论,与没有创业心理素质的人相比,具有创业心理素质者实施创业行为的倾向更高,成功的可能性更大。大多数成功的企业家在成功时仍然可以保持清醒的头脑,清楚地看到自己的缺点;在失败的情况下,要有承担后果的勇气,不断总结和改进,寻求东山再起的机会。正如海尔创始人张瑞敏所说:"我可以在冬天的恶劣环境中生存。也许春天我会是最美丽的。"

1. 成就需要

成就的需要是企业家对创业成功有着强烈的渴望,而成功的创业不仅仅是为了获得社会认可或声誉,更是为了获得个人内心自我实现的满足感。①

2. 控制源

控制源是指企业家相信,他们对生活的控制程度可以帮助他们克服创业道路上的各种困难和障碍,并使创业目标成为他们的人生目标。研究表明,企业家们相信,决定他们创业成功的是他们自己,而不是其他人。他们往往具有强烈的控制欲,并对创业活动产生重大影响,总是希望将创业过程控制在自己手中。

3. 风险承担倾向

只要是一个企业家,肯定会遇到各种各样的困难。我们必须有足够的心理准备,愿意冒险,不要被困难淹没,并坚持不懈地朝着既定目标前进。最终,总会有成功的一天。

4. 不确定性容忍度

有必要作好心理准备,随时应对困难,面对不断出现的挑战,并始终朝着既定目标努力。一个敢于吃苦、敢于克服障碍、保持坚强斗志的企业家,最终会成为一名优秀的企业家。

---

① 王东方,任美英,祁少华,等.创新创业基础[M].厦门:厦门大学出版社,2021.

5. 团队意识

在创业过程中,企业家需要与客户、公共媒体、外部供应商和内部员工互动。这些互动和沟通可以消除障碍、解决冲突、减少创业难度、增加信任,并有助于创业的发展。

(二)创业者的道德素质

一个人的个人素质是其社会行为和社会规范的根本基础。个人素质在创业中起着至关重要的作用。自信积极的心态、进取心、拼搏精神等都是一个人个性的体现。我们在这里所说的人格特质与创业直接相关,内在地包含着创业因素,积极地发挥着创业的作用。企业家的人格特征包括真诚、友善、胸襟开阔、勇于纠错、勤奋、冒险精神和创新意识。一些企业家痴迷于效率,却对周围的低效和高浪费视而不见;他们习惯于在办公室里喝茶聊天;他们不会抓住资金的逃逸、溢出、滴落或泄漏;办事拖沓、从容不迫。

1. 诚信为本

诚实是"诚实而不欺骗,信守承诺,言行一致,对外真实"。诚信不仅是为人处事的根本原则,也是做生意的灵魂。在创业过程中,诚信是第一品质,是企业家的"金名片",是参与各类商业活动的最佳竞争工具。现代企业越来越多地实施开放运营,甚至跨境全球运营,在此期间,它们与外部世界建立了许多关系,包括许多合同关系。严格遵守合同和信守承诺的能力自然成为企业的重要道德标准。诚信是规范企业公共关系的道德规范。诚信价值观的基础是以企业信誉为生命,诚信待人是诚信价值观实践的关键。

2. 责任心强

企业家还需要有自强、自主和自立的精神。他们应该通过各种形式学习成功企业家的优秀品质,并深入了解他们在创业过程中所经历的风险。

责任感是由许多小事组成的,但最基本的是做事要成熟,无论多么小的事情,都可以做得比过去任何人都好。对自己的同情是对责任的侵犯。企业家应该下定决心,勇于承担责任。

3. 法治观念

市场经济的秩序是由法律维护的,守法经营是领导人必须捍卫的一道防线。一旦失去了这个职位,任何非法活动,如假酒、毒品或商标,走私、逃税和欺诈,都会让企业家陷入困境,最终导致企业家走向深渊。由于初期缺乏公信力积累,企业家的法律意识显得更加重要。在守法问题上,可以说是"一着不慎,满盘皆输"。

现代社会是一个法治社会,依法办事是社会上每个人都必须遵守的行为准则。致力于创业的人也不例外,因为他们在普通公民身份中又多了一个"法人"身份。有许多与经济有关的法律法规不容忽视。正是出于这个原因,我们认为法治概念是企业家财务素质不可或缺的重要组成部分。从个人角度来看,法治概念是指人们对法律的认识、理解、遵守和依法行事的法律意识。法律是一项强制性的行为准则,违反者将不可避免地面临严厉的制裁和惩罚。另一方面,法律还规定了人民的权利和义务。如果受到侵犯,他们也可以采取法律武器来保护自己。

守法已经是指企业家严格遵守法律法规建立和经营企业,不从事非法活动,不从事与法律相抵触的行为。做一个遵纪守法的企业家,企业才能实现可持续发展。每一个企业家都应该牢记法律的双重性。众所周知,经济纠纷日益增多。如果一个人不学会使用法律武器来保护自己和公司的利益,或者在不知不觉中违反了法律,可能会对自己和公司造成巨大甚至毁灭性的经济损失。强调企业家要有法治观念,绷紧"法律之弦",避免非法经营,保护合法经营,最根本的意义是希望企业家能够共同维护正常健康的社会经济秩序,确保每个企业都能在稳定的环境中实现更好的发展。

4. 勤劳节俭

"勤能补拙""勤则富""成则俭,败则奢"等至理名言,都是我们人生创业成功的必由之路。创业,特别是白手起家的企业家,必须坚持"勤俭节约"。我们应该坚持自己的生活习惯,把勤俭节约应用到企业经营中,降低经营成本,提高经营效率。世界上许多成功的企业家都有勤奋和节俭的个性。没有勤俭节约的精神和习惯,我们青年学生很难成功创业。今后,青年学生要培养和养成勤俭节约的生活习惯。

5. 创新意识

创新意识始终代表着某一社会主体奋斗的明确目标和价值取向,成为某一主体稳定、可持续创新需求、价值追求、思维方式和理性意识的驱动力,成为唤醒、激励、释放人类潜在的内在力量。具有创新思维的人不仅可以将所学转化为能力,还可以发现生活中的新因素,创造新事物。人们创新意识薄弱的原因,主要是对创新的理解有偏差、肤浅和轻松。这是因为我们还没有把创新工作视为一项全国性的行动,一项包括我们自己在内的每个人都可以而且应该继续开展的工作。相反,创新工作被认为是非常神秘和遥不可及的,人们认为完成它需要渊博的知识和理论。对于普通人来说,即使他们有创新的心,他们也没有这样创新的力量。由于这些认知偏见,我们正在远离创新。"浅"是因为尽管许多人每天都享受着他人创新给他们带来的快乐和便利,但许多人并不认为这些创新很重要。这主要是由于对创新的意义、作用和知识产权的宣传教育不足,甚至有人认为,"创新是一日三餐;不创新也是一天三餐。如果我不创新,我就不会过得很好吗?"这种想法是客观的,但把它作为不创新的理由,并以此为基础来决定一个人的创新态度,是极其错误的。

通往财富的道路是无尽的,每一条道路都有自己独特的诀窍。然而,这些都是企业家创新意识的产物,是不假思索地为他人着想的结果。

（三）创业者的专业素质

熟悉行业内产品的性能、功能、特点和定价，了解供应和客户情况，有利于采购和促销；了解行业的不成文规则和规定，如行业传统、惯例、行业指南和行业规则，以避免违反禁忌和造成灾难。这是我们应该具备的基本行业素质。在正常情况下，熟悉它是创业最基本的原则。熟悉这个行业的商业实践，并且在工作中积累一些经验，在创业时可以避免走弯路。许多成功的企业家，他们选择的行业与他们以前的职业或行业密切相关。选择一个熟悉的行业往往与在不脱离自身条件的情况下创业联系在一起。如果在条件不足的情况下创业，仓促行事，那么等待我们的很可能是失败。当然，没有必要的条件并不意味着不能创业。我们可以创造条件：积累资本、学习技术、掌握经验，准备得越充分，创业成功的机会就越大。

1. 专业能力

企业家不需要面面俱到，但熟练的专业知识和技能是确保他们精通行业的必要条件，尤其是对于白手起家的企业家来说。

2. 社交能力

创业需要企业家依靠他们所拥有的资源。最重要的方面是网络资源，这是指企业家建立人际或社交网络的能力。如果一个企业家不能在最短的时间内建立起他们最广泛的社交网络，那么他们的创业肯定会非常困难。企业家在经济活动中不可避免地会参与各种社会互动，这对改善生产和管理、加强与各方的沟通和联系、扩大影响力、减少负面影响、提高经济效益具有不可估量的作用。

3. 科学和技术知识

科技是第一生产力，而且是不断变化的。无论谁掌握了明天的技术，都将在比赛中稳操胜券。企业家应该努力成为自己商业领域的专家，并拥有比专家更广泛的知识。此外,管理既是一门科学,也是一门艺术。现代管理理论是所有领导者必备的学科,也是成功人士的法宝。通过在实践中创造性地运用管理知识,可以形成一种独特的领导艺术。

(四)创业者的行为素质

1. 灵活应变

根据情景理论,企业家在选择创业方法和路径时,应从实际出发,根据环境的变化对创业活动做出相应的调整。在调整和实施创业活动的过程中,必须面对不断变化的客观环境。因此,企业家需要具有一定的灵活性和适应性,以应对此类计划实施环境的不确定性。

2. 独立自主

企业家应具有独立的人格特征。在创业过程中,当面临困难和危机时,往往只有通过创业者自己的努力才能克服困难。因此,企业家应注重培养独立和品质,对创业目标和行为有自己的见解。正如"报业之王"鲁珀特·默多克所说,"无论我做什么,无论是成功还是失败,我最终都要自己负责"。

3. 善于交流、合作

有效的沟通与合作对企业的发展起着至关重要的作用,尤其是在创业阶段。企业家通过语言、写作和其他形式与内部员工、客户、公共媒体和同行互动,并与周围人进行有效沟通,为他们之间的合作铺平了道路。在创业的道路上,学会合作可以实现资源的优化配置,消除障碍,解决冲突,增强信任,降低工作难度,提高工作效率,为职业成功奠定坚实的基础。

4. 敢于冒险

冒险精神是人格特质中最珍贵的资源力量。勇气和财富之间有着持续的联系。创业需要冒险精神。因为任何形式的创业都是建立在前人或自己没有发现的基础上的,如果一个人不敢冒险,就不可能获得创业的成功。创业的难度越大,风险就越高。因此,创业需要"吃第一只螃蟹"的勇气和"敢为天下第一"的勇气。

在市场经济的浪潮中,机遇与风险并存。在创业过程中,机会往往伴随着风险。随着业务范围和规模的不断扩大,业绩和随之而来的风险也在增加。只有在采取行动之前进行风险评估并制定相应的应对策略,才能保证成功。

5. 良好的身体素质

身体是革命的资本,创业者应注意日常锻炼,保持积极乐观的心态,确保身体健康、精力充沛、敏捷,并始终处于最佳身体状态,以参与创业活动。在日常生活中,注意体育锻炼是很重要的。锻炼的方式有很多,主要是通过有效的锻炼,辅以其他活动。有坚定的意志和雄心是很重要的。一个人能爬多高?不要问他的手,要问他的意愿;一个人能走多远?不要问他们的脚,要问他们的志向。有攀登山顶的雄心壮志,但我没有站在山脚下的雄心壮志,也是不行的。

6. 树立危机意识

古语有云:无远见卓识,必有近忧。如果企业家没有危机感,他们往往会显得不知所措,无法平静地应对突如其来的变化。如果一家公司缺乏危机意识,对市场风险缺乏足够的敏感性和警惕性,那么它最终会被市场淘汰。因此,企业家应该始终保持危机意识,制定危机应对计划,并从组织、人员、措施和资金等方面为其做好准备。在危机到来之前,他们应该准备好所有必要的应急计划和安全措施。

7. 良好的商业道德

诚信是企业生存和发展的基础,也是企业伦理对企业家的要求。如果企业家没有良好的商业道德,只为个人利益行事,他们肯定不会建立一个成功的企业;即使一个人能够创业,也只会被扼杀在萌芽状态。只有企业家对客户和员工坦诚相待,客户和员工才能为新企业的发展增加效益。可以说,世界上所有杰出和成功的企业家都具有良好的商业道德。

8. 为人真诚

真诚是一个人最高尚、最美丽的品质。从道德角度来看,真诚的人具有高尚的道德品质、正直的品格,能够真诚地接近人和社会,从不欺骗。真诚的人创业,他们的性格与他们的创业声誉直接相关,是一笔巨大的无形资产。

9. 友好待人

如果说真诚是人类性格的内在表现,那么对他人友善就是真诚性格在情感态度上的表现。我们所说的对他人友好是基于真诚,而不是夸张的激情、虚伪的微笑或伪装的行为。友谊是世界上最美丽的情感。它给人们带来和谐、温暖和爱。对他人的友好对待体现在创业道路上,这是一种对客户充满热情、耐心和周到的综合服务,让他们有宾至如归的感觉,并真正相信自己享受了"客户就是上帝"的礼遇。做到这一点,创业企业的繁荣是不可避免的,也是合理的。

10. 胸怀宽广

宽阔的胸怀是一个人气质和风度的良好表现。一个胸怀宽广的人,必须胸怀大志,宽宏大量,不会因为个人恩怨而与他人讨价还价,导致怨恨甚至报复。宽阔的胸怀是建立在真诚、爱和抱负基础上的良好品质。它是企业家和员工之间的黏合剂和亲和力。具有这种人格特质的企业家一定会与员工融为一体,使他们能够团结起来,形成一股强大的力量,共同创造更美好的明天。

11. 勇于改错

心胸宽广的人是那些敢于承认错误并努力改正错误的人。如果说胸襟宽广是一个人气质和风度的表现,那么敢于改正错误就是一个人实际行为的表现。一个敢于改正错误的人,是一个真诚的人,一个谦逊的人,也是一个宽宏大量的人。这也是人类的美德。错误就是错误。敢于改正错误是事业成功的必要共同点。作为一名企业家,如果我们不具备能够纠正错误和勇于纠正错误的美德,也许一个小小的错误可能会给我们带来巨大的经济损失。如果我们能谦虚地听取他人或下属的意见或建议,我们可能会在无形中避免自己的经济损失,甚至带来好处。

(五)创业者的经营素质

商业质量是人们在从事商品管理活动时表现出的各种能力的统称。管理质量强弱在很大程度上决定了企业家是否适合从事金融活动,也决定了他们在这项业务中的成败。企业家的经营素质要求由五个方面组成:经营原则、经营理念、市场分析能力、营销能力。

1. 经营原则

经营原则是企业日常经营的准则和规范,其核心内容有两个:一是树立良好的企业形象或商业信誉;二是全方位为客户提供优质服务,即"客户就是上帝"。任何企业,无论其规模大小,无论是否意识到,无论是否制定了或没有制定其经营原则,它实际上是存在的。因为企业的商业行为总是在一定的概念或原则下实现的。制定经营原则是一种有目的、有意识的行为,有利于商业运营。

2. 经营理念

经营理念是创业所确立的商业方向、方法和特征。这对任何企业家来说都是必要的一步,对任何现有企业来说都是实现向商业运营转变不可或缺的一步。一个好的经营理念不仅能给公司的初创带来欢乐,也能为公司的长期稳定发展奠定坚实的基础。

3. 市场分析能力

市场分析能力是指对某一产品的市场供求情况,即客户的需求和从事该产品的企业的生产经营情况进行调查、分析和判断的能力。坦率地说,市场分析主要关注企业家所设想的商业方向的市场验证。市场分析是一项非常复杂和细致的任务。如果真的想采用与市场分析相同的方法,就不需要再做生意了。所以,不应该忙于作一套又一套的市场调查,收集各种信息。在很多事情上,企业家不必亲自动手。我们可以在报纸和杂志上参考许多有价值和有用的信息,以实施必要的实际行为。我们可以亲自去,也可以派其他值得信赖的人去。对于创业者来说,市场分析应该尽可能简化。如果市场分析还没有开始,我们会被各种困难和麻烦淹没。产品质量需要提高,性能需要提高,甚至整个产品都需要更新和升级。在我们谈论这些问题之前,有许多事情需要做。

4. 营销能力

营销能力主要是指企业家在产品管理、销售和宣传方面表现出的分析、处理和完成业务的水平。级别越高,营销能力越强,而级别越低,营销能力就越差。我们应利用集体力量制定战略并重视销售人员的经验,树立以整个公司的实力和经验对待客户的销售理念。

决策管理不是要掌握知识,而是要在基础管理中勤勤恳恳、实事求是,不断创新。

(六)创业者的财务素质

财务质量是基于管理财富管理的业务质量,这是企业家投资和运营的智慧和能力,并通过金钱赚钱。作为一名企业家,必须对资产、债务、成本和费用、销售收入、创业公司需要缴纳的税款等有基本的了解。

1. 资产、债务

(1)资产

资产是指我们可以在没有任何收入的情况下使用积累的钱生存的天数。如今,"月光族"很流行。他们中的许多人每个月挣很多钱,但他们几乎每个月都在消费。他们甚至需要从银行借钱用于透支消费。这些人永远无法积累资产,也没有抵御风险的能力。一个人应该尽可能多地购买资产,在减少开支的同时走上财富之路,这样积累的钱就可以投资并用来赚钱。

（2）债务

债务是消耗(减少)的现金或资产的必要支出。例如,当我们停止工作时,我们必须支付住房贷款、汽车贷款和其他商品贷款。这表明资产是可以把钱放进口袋的东西,而债务是从口袋里掏出钱的东西。

2. 成本与费用

成本和费用是两个相互关联又截然不同的会计概念。一般来说,成本费用是指企业在生产经营过程中发生的各项资本性支出。一家公司的成本是在产品运营中花费的资金总额。

3. 销售收入

销售收入,又称营业收入,是指企业因销售商品、自制半成品或提供劳务,导致产品所有权转移给客户、收到货款与劳务或收到付款索赔证明而确认的收入。特殊项目和福利机构使用公司产品视为对外销售。

4. 需要缴纳的税款

依法纳税是公民和单位应当履行的义务。税收是国家财政收入的主要来源,来源于人民,为人民所用。根据中国税法,所有企业都必须依法申报纳税。对于普通的初创企业来说,只需要缴纳6到10种税。以增值税为例,一般纳税人的门槛相对较高,大多数初创公司都是从小规模纳税人开始的。小规模纳税人适用的税率为3%,开具普通增值税发票,不能用于进项税额抵扣。但值得一提的是,月销售额在10万元以下的小规模纳税人按季纳税;季度销售收入不超过30万元的,可以免征增值税。

（七）创业者的管理素质

管理素质是指企业家协调和管理公司人力、财力、物力和商业活动的能力。任何企业都离不开管理。没有管理,企业就像一堆散落的沙子,无法凝聚成强大的力量。纪律法规是企业管理的基本保证。在管理质量方面,创业者首先需要了解的是创业团队的管理。

(八)创业者的文化素质

文化素质是一个人的知识和能力的综合。文化素质对创业素质的意义主要体现在两个方面。一种是文化素质作为个体的文化修养而存在,它构成了个体的文化背景和创业素质,是个体行为和生活的基础和支撑。二是与人们经营的行业相对应的某种知识和能力在文化素质上会直接成为其创业素质的构成因素。在一些特殊行业,对相应知识和能力的要求非常明确。将自身文化遗产的优势直接转化为创业是很自然的。对于企业家来说,作为背景的文化素养通常不是他们创业品质的直接组成部分,但其变革效果和隐性支持令人惊讶。例如,个别企业家欺骗的粗鲁行为难道不令人讨厌吗?很难相信一个文化素质低劣的人能坚持创业。真诚守信、文化素养深厚的企业家,无疑会赢得更多人的信任,从而在创业中获得意想不到的收获。

有文化的人,他们能看到问题并综合考虑问题,就像管道的建设者波罗一样。管道的建造者们一心想着源源不断的财富。所谓持续财富是指与自己每天所做的事情无关的收入,如投资收入、知识产权收入或商业利润。文化素质是一种精神上的东西,它不仅是企业家素质之外的东西,也是企业家素质之内的东西。它因人而异,因行业而异,因物而异,总是在创业品质中发挥着直接或间接、明显或潜在的作用。

二、大学生创业素质的培养

大学生创业素质的培养是一项涉及全社会的系统而复杂的工程,必须建立科学有序的培养方法。成功的创业需要企业家具有以下素质:创业创新的激情和冒险精神,强烈的团队合作精神;有毅力,不达目的不放弃,充满信心,在企业家面前没有什么是不能实现的;不迷信权威,不盲目崇拜,拥有强大的创造力和对创新的热爱;大胆思考,行动,务实,执行力强;精力充沛,情绪稳定。这就需要在学生中进行创业意识教育,并扩大对培养学生创业意识的投资;我们必须坚持以人为本的职业教育方针,增强学生的自我肯定,增强他们的创业信心。

企业家精神是指企业家在主观世界中的创造性思维、观念、个性、意志力、风格和素质。创业精神的实质是创新意识和开拓精神,是高等院校培养创业素质的关键。学生创业不仅需要基本的专业知识,还需要金融、人文和市场营销等一系列知识。这就要求学校根据学生的特点,构建完整的校园创业知识培养课程体系;企业家的知识素养在创业中起着至关重要的作用,拥有完整的创业知识是开展创业活动的前提。

高等院校的培养目标是为社会培养一大批具有创业能力,特别是有创业实践能力的人才。首先,有必要在课堂上培养学生的好奇心。仅仅记住课本上的知识是不够的,要锻炼学生的实际应用能力,将知识付诸实践,最大限度地发挥学生的主观能动性。良好的身体素质是培养大学生创业素质的重要因素。企业家不仅需要良好的创业素质,还需要强健的身体素质。企业家面临的挑战是巨大的,创业的早期阶段往往很困难。一个身体不好的人不仅很难忍受这些苦难,而且很难创业成功。这就要求创业者要有良好的心理素质和身体素质,只有具备良好的身体素质才能保证创业的顺利进行。

当前,随着高等教育的不断扩大,大学生面临着更大的就业压力。从中国目前的情况来看,不可能在相对较短的时间内为学生提供大量的工作岗位。因此,为了提高大学生的就业率,寻找新的方法是很重要的。在这样的形势下,大学生自主创业是一个不错的选择。这样既能解决自己的就业问题,又能为他人提供就业机会,有效缓解了当前就业形势的严峻压力。

(一)诚信的培养

诚信和道德品质的培养需要以下几点:(1)认识到诚信的重要性。诚信是各个行业生存的根本基础,欺骗和使用劣质产品无法维持长期的商业运营。消费者可能会被欺骗一两次,但他们不能永远被欺骗。(2)对他人诚实。努力做到言行一致,做事讲诚信:在职业活动中,首先信任他人,首先不怕吃亏。(3)用信任建立企业。在行为和行动方面,必须"言出必行"。当履行承诺的条件发生变化时,无论多么困难,都必须想办法保质保量地履行合同。

（二）守法意识的培养

通过学习法律知识可以培养守法意识。学习的方式有很多,包括从书本、社会实践和现实生活中的所有新闻媒体中学习,广泛吸收各种法律知识,转变为自己的知识体系。

（三）节俭习惯的培养

随着时间的推移,我们在花钱时会变得越来越有计划——不要拿自己作比较。不与人争吃争穿,珍惜食物,不挑食,不剩饭,不对父母提出过多的物质要求,不随意扔衣服或餐具,注意细节。打电话时不要超过时间限制。晚上睡觉时,应切断电脑和饮水机的电源,外出时应关灯和水。

高等院校在教学过程中应充分重视创业教育的相关内容,培养更多的创业人才。这不仅可以为社会经济发展提供更多的人才,而且可以有效地促进社会经济发展,促进社会和谐。当前,是一个创业的时代,高等院校必须跟上这个时代的步伐。人才培养的标准是培养适应社会和市场发展的创业人才,更新传统教育理念,创新教学目标和内容,将新技术充分应用于高等教育,努力探索促进创业教育发展的有效途径。

高等院校要建立健全人才培养机制,坚持理论联系实际,学以致用。要从教学、创业、社会的实际需求出发,有针对性、务实性地培养人才,使其与高等院校学生的年龄、特点、知识结构紧密结合。我们要根据当代产业发展模式改革人才培养机制,及时观察和调整区域产业发展结构。要废除传统落后的教育政策,优化人才教育规划,提高创业素质教育在人才教育整体中的比重,深入落实国家创业人才培养政策,提高高等院校学生的职业素养。全面提高高等院校学生的创业素质,为他们的创业和进入社会奠定相关基础,为社会和国家培养越来越多的优秀创业人才。

第四章 大学生创业团队的建设

一个好的创业团队是企业发展的关键,其成员通常具备高度的专业技能和丰富的经验,并且有强烈的创业热情和创新精神,能够提供企业发展所需的强大动力,能够有效地应对各种风险和挑战。因此,企业应该重视创业团队的组建和管理,通过有效的激励机制和奖惩措施,激发团队成员的创造力和创新精神,从而推动企业的快速发展。

第一节 创业团队的内涵

一、创业团队概述

(一)对创业团队的理解

创业团队是为进行创业而形成的集体。它使各成员联合起来,在行为上形成彼此影响的交互作用,他们有着共同的创业理想,价值观一致。它的范围比创业搭档团队要大一些。

对创业团队的理解包含以下几方面。

(1)创业团队是一个特殊的群体。团队是一个有凝聚力的社会群体,由技能互补、愿意相互信任、有意识地合作、积极工作以实现共同目标的人组成。创业团队主要是由两人或两人以上组成的团队,但它与普通团队有很大不同。

(2)建立创业团队的目的是实现共同的创业目标和价值追求。目标以公司愿景和战略的形式体现,为团队指明方向。团队成员协作,为共同的目标和价值观而奋斗,形成强大的凝聚力,进而形成精神。

(3)创业团队分享利润和风险。共同的利益和风险不仅使创业团队成员能够互补,提高控制企业的创业能力,而且有助于形成强大的资源整合能力和获得多种融资渠道,降低新企业的失败风险,以及提高企业抵御风险的能力。

(4)创业团队的绩效大于所有成员独立工作绩效的总和。企业家之所以寻求团队合作,是因为团队成员在知识、技能、经验和人脉方面相互补充,通过协作创造"1+1>2"的协同效应。

(5)企业的高层管理团队在创业之初是整个创业团队的基础和初始组织形式。在企业成长的早期阶段,创业团队发挥了重要的作用,高级管理团队作为创业团队的延续,在整个企业发展中具有不可估量的作用。

(二)创业团队的作用

相较于个人创业,团队创业具有更多优势,对创业的成功起着举足轻重的作用,主要表现在以下几个方面。

1. 知己知彼,利于合作

对于优秀的创业团队而言,所有成员之间都应该是彼此非常熟悉的,并对自己的根源有透彻的了解。一般来说,团队成员都是志同道合的人,他们相互信任和认可。团队成员在知识结构上存在概念一致性和相似性。领导者作为创业团队中的核心人物,在合作过程中,其远见、声望、勇气和果断等特质是被团队成员所认可的。这样,团队管理会自发地形成凝聚力,使团队合作更加高效和愉快。

2. 取长补短,各显灵通

一个优秀的创业团队应该各有所长,相得益彰。创业团队成员的互补性不仅体现在知识、技能、性格和经验上,还体现在资源、人脉、信息等方面。"三个鞋匠,一个诸葛亮。"正如新东方集团创始人俞敏洪所说:"一个人可以走得快,但一群人可以走得更远!"创业团队可以让企业获得更多的资金、技术、经验和信息,丰富创业资源。团队成员之间的互补性可以使企业更具创新性和竞争力。团队的作用将在很大程度上影响创业绩效。

3. 群体决策,避免冲动

群体决策比个体决策具有更丰富的决策信息、更广泛的决策维度和更高的相对决策质量。此外,团队成员参与并尊重他们的意见,从而提高决策的认可度,避免个人冲动,降低决策风险。

(三)创业团队的发展过程

创业团队的发展过程一般可以分为以下几个阶段。

(1)创业计划阶段。创业团队需要想清楚自己要做的项目,将想法变为一个切实可行的操作书,完成最初的项目定型。这个阶段需要包括最初的调研。

(2)合作人阶段。找到志同道合的合伙人,对项目有共同的愿景,且个人能力符合项目需要,完成核心合伙人搭建。

(3)招募阶段。招到一批最基础的员工,来组建起公司的雏形。这个阶段人员不在多,在综合能力强且全面。

(4)扩张阶段。当团队有了一定的规模后,就需要思考下一步的发展,这时候需要开始考虑业务扩张、人员扩张、技术扩张等方面的问题。

(5)成熟阶段。当创业团队发展到一定阶段后,需要考虑如何将企业做大、做强,这时候需要考虑企业的战略规划、市场营销、公关等方面的问题。

(6)突破阶段。当企业发展到一定阶段后,需要考虑如何实现跨越式发展,这时候需要考虑企业的国际化、品牌建设、资本运作等方面的问题。

二、成功创业团队的特征

(一)具有一致的目标

成功的创业团队应该有一个共同的目标,这个目标应该是清晰、具体和可实现的。一个清晰的目标可以帮助团队成员更好地理解和聚焦于团队的工作,同时也可以激发他们的热情和动力,使他们更加专注于实现这个目标。一个具体的目标可以帮助团队成员更好地了解自己需要完成的任务和责任,从而更加有效地工作。一个可实现的目标可以让团队成员感受到成功的希望和信心,从而更加积极地投入到工作中。因此,一个共同的、清晰的、具体的、可实现的目标是成功创业团队的重要特征之一。

（二）具有互补的技能

创业团队成员应该具备不同的技能和经验,这样可以形成互补,帮助团队成员更好地协作和解决问题。具备不同技能和经验的成员可以提供不同的视角和方法,帮助团队成员更好地思考和解决问题,从而促进团队的创新和创造力。同时,不同的技能和经验也可以使团队具有更多的多样性和包容性,减少不同意见和决策的风险,提高团队的效率和稳定性。因此,创业团队成员应该具备不同的技能和经验,以形成互补,帮助团队成员更好地协作和解决问题。

（三）具有开放的心态

创业团队成员应该具备开放的心态,愿意接受新的想法和创意,并能够包容不同的意见和观点。开放的心态可以让团队成员更加愿意尝试新的事物和思想,从而激发他们的创造力和创新能力。同时,包容不同的意见和观点可以促进团队的多元化和创新性,使团队更加具有活力和创造力。因此,创业团队成员应该具备开放的心态,愿意接受新的想法和创意,并能够包容不同的意见和观点。

（四）具有勇于冒险的精神

创业团队成员应该具备坚韧不拔的精神和勇气,能够勇敢面对挑战和风险,从失败中汲取经验和教训,不断成长和进步。同时,不怕失败也可以让团队成员更加勇敢和自信,敢于尝试新的事物,挑战自己的能力和极限,从而推动团队不断前进。因此,成功的创业团队应该勇于冒险和尝试新的事物,不怕失败,能够从失败中学习和成长。

（五）具有良好的沟通能力

创业团队成员应该具备良好的沟通能力,能够清晰地表达自己的想法和意见,并能够有效地与其他团队成员沟通和协作。良好的沟通能力可以帮助团队成员更好地理解和分享信息和想法,增强团队的凝聚力和协作效率。同时,有效的沟通和协作也可以帮助团队更好地解决问题和克服困难,实现共同的目标。因此,创业团队成员应该具备良好的沟通能力,能够清晰地表达自己的想法和意见,并能够有效地与其他团队成员沟通和协作。

（六）具有团队精神

团队精神可以激发团队成员的工作热情和创造力,增强团队的凝聚力和向心力,从而更加有效地完成任务和实现目标。同时,团队精神也可以帮助团队成员更好地沟通和协作,建立起良好的团队文化和工作氛围,从而提高团队的工作效率。因此,成功的创业团队应该具备团队精神,能够相互支持和帮助,共同完成任务和目标。

（七）不断追求卓越

追求卓越可以让团队成员更加专注于自己的工作,不断提高自己的能力和水平,从而实现更高的目标。同时,不断努力提高自己和团队的水平也可以让团队不断进步和发展,为实现更高的目标不懈努力。因此,成功的创业团队应该追求卓越,不断努力提高自己和团队的水平,以实现更高的目标。

三、创业团队的意义

（一）可以实现个人无法完成的创业目标

创业团队通过集体的智慧和力量,可以共同制定创业计划、分工协作、解决问题、推动创新和创造价值。创业团队中的成员可以发挥各自的优势,相互支持和帮助,共同实现创业目标。同时,创业团队也可以分享知识和经验,共同学习和成长,从而提高整个团队的能力和素质。

总之,创业团队可以为创业者提供更好的创业支持和帮助,实现个人无法完成的创业目标,同时也可以提高创业的成功率和稳定性。

(二)能够做到同舟共济,共担创业风险与责任

创业团队有一个共同的创业目标和愿景,成员之间相互信任、相互支持、相互合作,可以共同应对创业过程中的挑战和困难。

在创业团队中,成员之间可以互相学习和借鉴,共同提高能力和素质,从而更好地应对市场变化和竞争压力。

创业团队也可以规避单个创业者可能面临的风险和不确定性,如市场风险、技术风险、管理风险等。创业团队可以通过团队的力量来应对这些风险和挑战,从而增强创业的稳定性和可持续性。

(三)能够整合多方资源,实现可持续发展

创业团队可以集合多方资源,包括资金、人才、技术、市场、政策等,从而实现创业目标和愿景。同时,创业团队也可以学习和吸收不同的资源和经验,从而提高整个团队的能力和素质,实现可持续发展。

(四)可以实现多元知识技能,实现专业化分工

一个成功的创业团队需要具备各种技能和经验的成员,如技术、市场、财务、运营等方面的专业人士,以及具有创意、创新思维和商业洞察力的领导者。这些成员可以形成互补,发挥各自的长处和优势,共同推动创业公司的成功。

此外,创业团队成员之间的互补还可以带来更好的创意和创新,因为他们具有不同的背景和经验,可以从不同的角度看待问题,提出不同的创意和解决方案。这种互补性可以促进创业团队的创造力和创新能力的提交,从而推动新创企业的成长和发展。

四、创业团队的社会责任

具体来说,创业团队的社会责任主要包括以下几方面。

(一)合法经营

创办新企业的最基本的社会责任就是合法经营,尽可能为社会创造更多的财富,为国家上缴更多的税费。诚实纳税是每个企业家的责任和义务,是一个企业家道德水平的重要体现。只有依法经营、诚实纳税,才能够赢得社会的尊重和信任,同时也是企业家应尽的社会责任。

(二)遵守市场规则

遵守市场规则是新创企业和其他企业在经营和竞争过程中必须遵守的基本规则。这包括遵守商业道德、反垄断法、知识产权保护、劳动法等相关法律法规,确保企业在合法、合规的情况下开展业务,维护公平竞争的市场秩序,为消费者提供安全、可靠的产品和服务。

(三)珍惜员工生命

创业团队应该采取一切必要措施,保障员工的生命安全和健康,确保员工在工作中得到足够的保护和支持。同时,创业团队还应该尊重员工的生命权利和人格尊严,激发员工的工作热情和创造力,共同推动企业的发展。

(四)保护环境

保护环境是创业团队在经营和竞争过程中必须遵守的基本规则。创业团队应该采取一切必要措施,减少污染物排放,保护生态环境,降低能源消耗,推广可再生能源,提高资源利用效率,为社会创造更多的环境价值。同时,创业团队还应该尊重自然、保护自然,推动绿色发展,建立可持续的生产和消费模式,为人类和自然环境的和谐发展作出贡献。

第二节 大学生创业团队的组建

在创业的最初阶段,如何组建和管理团队是创业者面临的最大挑战,也是决定企业能否成功的关键因素。组建和管理团队是一个企业人力资源管理的核心,当一个企业拥有具有优势的核心人力资源时,它才更有可能取得成功。

一、组建创业团队的前提

要组建一个优秀的创业团队应明确以下几点。

(一)明确创业目标

创业团队应该有明确的创业目标,包括创业的方向、目标和计划等,这样可以让团队成员清楚地知道自己要做什么,朝着什么方向努力。

(二)团队成员之间互补

创业者组建创业团队的目的就是为了弥补自身能力上的不足,希望通过组建团队,让团队成员之间的知识结构和能力素养互补。因此,创业团队成员应该具有不同的技能和专业背景,实现互补,提高团队成员的综合能力,从而更好地完成创业目标。

(三)目标和计划的清晰度

创业团队应该有清晰的目标和计划,包括创业的方向、目标和计划等,这样可以让团队成员清楚地知道自己要做什么,朝着什么方向努力。

（四）团队成员的自我管理

创业团队成员需要具备自我管理能力，包括自我激励、自我约束和自我管理，能够在创业过程中保持积极的心态和高效的工作状态。

（五）团队的文化建设

创业团队需要建立积极向上的文化，包括团队价值观、工作氛围、沟通方式等方面，这样能够让团队成员更加融入团队，提高团队的凝聚力和创新力。

（六）良好的沟通与协作

创业团队需要加强沟通与协作，包括团队成员之间的沟通、与外部合作伙伴的沟通等方面，这样能够提高团队的协作能力和市场拓展能力。

二、创业团队的组建原则

建立创新创业团队的原则包括明确的目标、明确的权力、互补的能力、责任承诺、宽容和平衡，以及分享共同利益和风险的意愿和使命。在组建创业团队时，需要遵守以下原则。

（一）目标一致原则

企业上下拥有一致的目标，才可以为团队成员提供方向和动力，使他们能够紧密团结，努力形成协同效应。创业公司能否成功，最终是由整个团队决定的，而不是某一个人。企业凝聚力是以团队为基础的，一个好的创业团队中没有个人主义，团队中的每个成员的价值都反映在团队整体价值的贡献中。作为团队中的成员应该以团队利益为基础，休戚与共，积极分享，牺牲个人短期利益，以换取团队整体的强大凝聚力和长期成功。只有这样，团队才能取得最终的成功。

（二）精简高效原则

为了降低初创期的运营成本,最大限度地分享成果,在确保企业高效运营的同时,应尽可能简化创业团队的组成。一般来说,一个创业团队有 3～5 人是合适的。

（三）人员互补原则

理想的合作者要求双方在能力、个性和资本方面具有良好的互补性。每个人都有自己的优势和劣势,这是企业家选择创业伙伴的重要原因。

在一个创业团队中,具备各种才能的人员是非常重要的前提,如拥有战略眼光的领导者、耐心细致的管理者、内部协调和外部沟通的人才、具备技术和市场方面的专业人士。任何一种才能缺乏的团队都是不健全的。[1] 因此在创业之初挑选团队成员的时候,应该尽量本着弥补目前资源短缺的情况,并根据目标和当前情况之间的差距找到匹配的成员。这是组建创业团队过程中应该遵守的重要原则,也是一个健全的、能够互补的团队保持稳定的关键。此外,在创建团队时,不仅要考虑成员之间的人际关系,还要考虑他们能力和技能的互补性。

（四）分工明确原则

创业团队中的队员性格完全不同的,这种最完美的组合就是内外分明。例如,负责设计和生产的人员（内部）与负责销售的人员（外部）合作。企业家通常更倾向于局外人,而创业的理想人选是聪明且没有野心的人。如果一个外部企业家选择了一个聪明而有活力的合作伙伴,这两个咄咄逼人的企业家肯定会争取控制权,但控制权只能落在一方身上,从而导致冲突和纠纷。就控制权的归属而言,最适合主体以外的人拥有控制权。

明确分工的最佳状态是,所有工作都由某个人负责,没有重叠和重

---

[1] 陆相欣,许述敏,孙体楠,等.大学生创新创业基础[M].武汉:华中师范大学出版社,2019.

复。每个成员的权利和责任都应该公开透明,这有利于降低交易成本,提高组织效率。需要特别注意的是,在一个团队中,两个核心成员之间不应存在优势和地位的重复,这不可避免地会导致各种冲突,并最终导致整个团队的分散。

(五)动态开放原则

稳定的团队结构有利于企业的运营,但没有一个企业的团队在创建后保持不变。创业过程的不确定性、团队概念和成员能力等因素可能导致团队内部结构的调整,以及成员退出或加入的可能性。因此,在创建团队时,保持团队的活力和开放性是很重要的。

(六)权责明晰原则

应以法律文本的形式明确划分创业团队的成员之间的利润分配,明确基本的责任、权利、利益,特别是股权、期权和股息权。此外,还需要明确增资、扩股、融资、资本分散、人事安排、解散等与团队成员利益密切相关的事项。股权分配或投资比例问题是其中最为核心的条款,不仅关系到每个创业伙伴在企业中的未来地位和角色,而且还涉及实质性问题,如创业伙伴之间的利益分配。因此,合作创业需要有明确的账目、完整的程序、签署合作协议,并仔细约定各方的责任和权利。

(七)充满激情原则

创业初期工作量巨大,需要各个成员投入足够的精力。要时刻保持这种状态,就必须保证团队成员充满激情,这是创业团队成功的关键指标。在经历大量的工作,长时间的运行后,无论他们的水平如何,一旦此时对创业生涯缺乏信心,就会陷入一种负面状态,这种状态会像传染病一样传播给所有团队成员。负面影响将是致命的,需要成员之间时刻保持创业热情,这对团队工作的有效性有显著影响。

第四章　大学生创业团队的建设

三、创业团队的人员选择

团队的力量是创业的基础,怎样才能选择合适的人才？什么样的人才才能组建一个优秀的团队呢？主要从以下几方面进行选择。

（一）加入目的

创业合作必须有三个前提：第一,双方必须有合作利益；第二,必须有合作的意愿；第三,双方都必须有共享和共同富裕的意图。创业团队想要共享和实现共同富裕,就不能以财富为最终目标,而必须有一定的理想主义,如追求产品的极致,追求改变世界等等。对于创业团队来说,如果每个成员都只把他们所做的作为养家糊口和解决经济问题的工具,那么如果出现轻微的干扰,团队就会崩溃。创业本身就是一种艰辛付出、耗费精力的事情,理应让大家有所回报。团队成员要有除了金钱之外共同的价值追求,要有一荣共荣,一损俱损的决心、要有对工作长期保持满腔热血的激情。

（二）彼此了解

来自熟人圈子的创业团队成员,如同学、朋友、亲戚和同事,能够清楚地认识到自己的长处和短处,同时也能清楚地了解其他成员的长处和弱点。这样可以避免不熟悉的团队成员引起的此类冲突和纠纷,从而增强团队的向心力和凝聚力。当然,当在熟人圈子里很难找到合适的合作伙伴时,也可以通过媒体广告、亲友介绍、投资谈判、互联网等多种形式找到最合适的人选。在这个过程中相互理解也是至关重要的。无论是熟悉的候选人还是新发现的成员,在创业之初,都有必要透彻地解释团队成员最基本的职责、权利、利益,尤其是股权和利益的分配,包括增资、扩股、融资、撤资、人事安排和解散。这样到企业发展壮大后,就不会因利益分配、股权等方面的差异而产生冲突,导致创业集团解散。

（三）角色安排

英国剑桥大学的贝尔宾博士提出的贝尔宾角色模型认为,一个结构合理的团队应该由九个角色组成:创新者、实干家、聚合者、信息者、协调员、推动者、监督者、完善者和技术专家(表 4-1)。在寻找合作伙伴之前,首先需要确定合作的目标和目的;然后,有必要根据目标规划合作伙伴的责任,并有目的地寻找团队成员来承担不同的角色。团队成员的组成应遵循人员互补、分工明确、定位合理的原则。只有团队成员弥补彼此的不足,拥有明确的权利和责任,才能提高生产力,鼓舞士气,激发创新。

表 4-1 九种团队角色的描述

角色	作用	特征
创新者	团队的智囊,观点的提出者	观念新潮,思路开阔,想象力丰富;不拘小节,特立独行;易冲动,甚至不切实际
实干者	将思想和语言转化为行动,将美好愿景转化为现实	计划性、纪律性强,有自控力,相信天道酬勤,坚持不懈,责任心强
聚合者	意志坚定的领袖,润滑各种关系	温文尔雅,善解人意,能够关心、理解、同情和支持别人;处事灵活,能将自己同化到群体中去,信守和为贵
信息者	提供决策支持的信息和资源	对外界敏感好奇,性格外向,待人热情,喜欢交友
协调者	关心团队成员的需要,各方利益和关系的协调者	很有个人魅力,成熟、自信,有信赖感;办事客观、处事冷静,善于发现每个人的优势并在实现目标的过程中妥善运用
推动者	促进决策实施,确保团队赶上工作进度	目的性强,办事效率高,有高度的工作热情和成就感,喜欢挑战别人,更喜欢争辩,缺乏相互理解
监督者	监督决策实施的过程	判断能力强,冷静、聪明,言行谨慎,公平客观,不易激动
完善者	迅速发现问题并解决问题	注重细节,力求完美,追求卓越;主动自发地完成工作,且对工作和下属要求较高
技术专家	为团队提供技术支持	某个领域的权威,热爱自己的职业;拥有自己的特长;维护一种标准,不能降低这个标准

第四章　大学生创业团队的建设

（四）人生价值观念

其他个人素质，如价值观和道德观，也是选择团队成员的重要标准。那些在性格、习惯、行为和个人能力方面没有缺点的人应该是好的选择，那些有坏习惯的人应该坚决消除，那些个人道德素质低的人不应该合作。

四、组建创业团队的步骤

组建创业团队是创业成功的关键之一，下面是组建创业团队的步骤。

（一）制定创业策略和目标

创业者需要明确创业的目标和愿景，制定创业策略和计划，包括创业方向、市场调研、竞争分析、商业模式设计等方面。这些步骤是创业成功的关键步骤，可以帮助创业者更好地了解市场和消费者需求，制定适合的商业模式和策略，从而更好地推动创业项目的发展。

（二）招募合伙人

创始合伙人是创业团队的核心成员，他们将共同致力于创业项目的发展，制定创业策略和计划，并领导团队推动项目的实施。

（三）组建团队核心骨干

创业者需要以创业策略和目标为基础，招募团队核心骨干，包括技术、市场、运营、财务等方面的人才。创始合伙人和核心骨干成员将共同制定创业策略和计划，并领导团队推动项目的实施。

（四）建立管理和培训体系

创业者需要建立完善的管理和培训体系，对团队成员进行岗位培训和职业培训，提高团队的整体素质和能力。

（五）打造好团队

创业者需要逐步建立完善团队的制度、流程、标准、机制、文化等，打造出一支具有高度凝聚力和执行力的创业团队。

（六）制定制度和流程

创业者需要制定完善的制度和流程，规范团队的管理和运营，确保创业团队的稳定和发展。

（七）管理风险和变化

创业团队面临着各种风险和变化，创业者需要具备应对风险和变化的能力，及时调整和应对团队面临的挑战和变化。

五、组建优秀创业团队的要点

组建优秀创业团队的要点包括以下几方面。

（一）相互信任

信任是建立在相互理解和尊重基础上的，而不是基于表面上的相似或共同点。大学生创业团队需要建立在相互信任的基础上，而不是基于表面上的相似或共同点。创业团队需要在合作过程中不断地交流和沟通，建立相互理解和尊重的基础，这样才能建立起真正的合作关系。

在创业团队建立之初，要把最基本的责、权、利说得明白透彻，尤其是股权、利益分配等。这样可以避免在企业发展壮大后出现矛盾和分歧。同时，创业团队成员也需要明确自己的职责和权利，遵守团队的规则和制度，这样才能保证团队的稳定和发展。

（二）必须具备的三大因素

创业团队必须具备的三大因素，即能带动气氛、鼓舞人心的领袖；有一群死心塌地跟着你干的兄弟；有一个靠谱的合伙人。

创业团队的核心人物或领袖是创业团队的灵魂，是创业团队的主心骨，是创业团队的核心竞争力。一个好的领袖，不仅可以带动创业团队的氛围和人心，激发每个人的热情和积极性，还可以为创业团队指明方向，带领大家一起朝着同一个目标前进。

创业团队不是一个人在战斗，而是一群人在战斗。一个好的领袖，不仅要能够带动团队的氛围和人心，还要能够吸引一群志同道合的兄弟跟着自己一起奋斗。这些兄弟可以在创业团队面临困难和挑战的时候，与创业团队一起并肩作战，共同战胜困难和挑战。

创业团队需要一个靠谱的合伙人，也就是创业团队的搭档。这个合伙人要具备一定的实力和资源，可以在创业团队需要的时候提供帮助和支持，也要能够与创业团队一起共同面对市场的竞争和风险。一个靠谱的合伙人可以为创业团队带来很多的帮助和支持，让创业团队在创业道路上走得更加顺利和稳定。

（三）必须要有一套完善的管理制度和体系

创业团队必须要有一套完善的管理制度和体系，包括团队的组织架构、建立连接、体制和体系建设、人才发展和文化建设等方面。这些制度和体系可以帮助创业团队更好地组织和管理团队成员，提高团队的效率和效益，推动创业团队的发展和成功。

其中，团队的组织架构包括创业团队的管理层级、部门和岗位设置等，明确各个成员的职责和分工，确保创业团队的高效运转。建立连接包括建立有效的沟通机制，包括会议、邮件、即时通讯等方式，确保创业团队成员之间能够及时沟通和交流，避免信息不畅和混乱。体制和体系建设包括建立完善的财务、人事、营销等方面的制度和体系，规范创业团队的管理和运营，确保创业团队的稳定和发展。人才发展和文化建设包括制定人才发展规划,培养和引进优秀的人才,建立积极向上的文化氛围,激发团队成员的创造力和创新精神。

(四)创业者需要的使命感和责任感

创业者需要有强烈的使命感和责任感,这是推动创业团队前进的动力和源泉。创业者需要有远大的目标和梦想,明确创业的意义和价值,坚定不移地朝着目标前进。同时,创业者也需要有强烈的责任感,对自己、对团队、对客户、对社会负责,承担起应有的责任和义务,为实现创业目标而不懈努力。

使命感和责任感是创业者的精神支柱,可以激发创业者的内在动力和创造力,让他们在创业道路上走得更加坚定和自信。创业者需要具备高度的自我认知和自我驱动力,不断追求创新和进步,不断超越自己,为创业团队的成功和发展贡献自己的力量。

第三节 大学生创业团队的管理

一、创业团队有效管理的途径

创业团队有效管理的途径主要包括以下几方面。

(一)塑造团队文化

共同的文化理念是团队凝聚力的核心。在共同的文化理念基础上,塑造共同的奋斗目标、行为规范,促使成员形成共同的行为准则。共同的文化理念还能凝聚人心,提高团队成员的认同感和归属感。

共同的价值观是团队文化的核心,是形成共同行为规范的基础。团队成员应该认同并遵守共同的价值观,包括诚信、创新、责任、服务、尊重等基本原则,这些价值观可以增强团队成员的凝聚力和向心力,提高团队的工作效率和竞争力。

共同的愿景是团队前进的方向和动力。共同的愿景可以激发成员的工作热情和创造力,提高团队的工作效率和竞争力,为团队的发展指明方向。团队领导者应该制定清晰的愿景和目标,并与成员进行充分沟通和协商,以确保愿景和目标的可行性和可持续性。

共同的行为规范是团队文化的基础。团队成员应该遵守共同的行为规范,包括工作流程、沟通方式、团队纪律等,这些行为规范可以增强团队成员的归属感和责任感,提高团队的工作效率和竞争力,促进团队的协作和发展。

共同的文化氛围是团队文化的重要组成部分,包括文化仪式、文化活动、文化宣传等,这些文化氛围可以增强团队成员的认同感和归属感,提高团队的凝聚力和向心力,提高团队的工作效率和竞争力。

(二)设置创业团队的组织结构

设置创业团队的组织结构有利于提高创业团队的效率和运作能力,下面是一些常见的创业团队组织结构及其优缺点。

1. 直线式组织结构

直线式组织结构是一种高度集中的组织结构,团队领导直接管理整个团队,下属员工只向一个领导汇报工作。这种结构的优点是沟通简单明了,命令和指示容易下达和执行,缺点是可能导致权力集中、决策缓慢和缺乏创新性。

2. 职能式组织结构

职能式组织结构是一种分工明确的组织结构,团队领导负责设计和执行具体的工作流程,下属员工只负责执行自己的工作任务。这种结构的优点是分工明确、专业性强,缺点是可能导致沟通不畅、协调困难和创新性不足。

3. 矩阵式组织结构

矩阵式组织结构是一种介于直线式和职能式之间的组织结构,团队领导负责设计和执行具体的工作流程,下属员工同时向两个或更多的领导汇报工作。这种结构的优点是可以整合不同部门的专业知识和资源,缺点是管理难度增加、协调成本较高。

4. 模拟分权式组织结构

模拟分权式组织结构是一种分权和集权相结合的组织结构,团队成员拥有自主决策的权利,同时接受来自上级领导的指导和监督。这种结构的优点是可以激发创新性和灵活性,缺点是可能导致责任不清、效率低下和缺乏稳定性。

无论采用哪种组织结构,都需要根据团队的实际情况和创业项目的特点进行选择和优化,确保能够充分发挥团队成员的优势和潜力,提高团队的工作效率和竞争力。

（三）优化创业团队的运作机制

优化创业团队的运作机制可以提高团队的工作效率和竞争力,下面是一些常见的创业团队运作机制及其优缺点。

1. 自我管理机制

自我管理机制是一种以自我管理为核心的运作机制,团队成员自主决策、自主管理、自主解决问题。这种机制的优点是可以激发成员的创造性和潜力,缺点是可能导致责任不清、效率低下和缺乏稳定性。

2. 项目管理机制

项目管理机制是一种以项目为导向的运作机制,团队成员按照项目计划和进度进行工作,领导进行监督和指导。这种机制的优点是可以提高工作效率和质量,缺点是可能导致资源浪费和协调不畅。

3. 竞争机制

竞争机制是一种通过竞争来激发团队成员工作积极性和创造性的

运作机制,竞争对手之间相互竞争,团队成员之间相互竞争,领导进行监督和指导。

二、创业团队管理的技巧

概括来说,创业团队管理的技巧主要包括以下几方面。

(一)凝聚人心

创业团队的成功不仅仅是团队中成员个人的成功,它还包括团队的整体利益和成功。团队成员需要意识到自己的个人利益是建立在团队成功的基础上的,而不是相反。只有当整个团队能够成功时,每个成员才能获得自己的个人利益。因此,团队成员需要齐心协力,共同努力,以确保整个团队的成功。

(二)全局视野

团队中每个人都应该明确自己在团队中的角色和责任,并且要积极参与团队的决策和规划过程。每个人都应该了解整个团队的目标、设计思路和预期目标,并且积极参与到团队的协作中,以实现整个团队的目标。同时,每个人也应该承担自己所负责的部分,并且要保证自己的工作质量和效率,以确保整个团队的成功。

(三)立足长远

创业是一个充满挑战和机遇的过程,团队成员需要具备坚韧不拔的毅力和决心,不断努力和奋斗,以克服各种困难和挑战,最终实现企业的长远目标。同时,团队成员需要不断学习和适应市场变化,不断创新和改进,以适应竞争环境和用户需求的变化。最后,团队成员需要注重团队合作和沟通,以保持团队的凝聚力和士气,共同推动企业的发展和壮大。

（四）收益目标

创业者的目标应该是创办一家成功的公司，并使公司不断成长和发展，为股东和员工创造价值。团队成员需要认识到，只有当公司实现了成功，他们才能获得真正的成功和收益。因此，他们需要共同努力，不断学习和改进，以确保公司的成功。

（五）公平分配

对关键员工的奖励以及团队的股本分配设计应该与一段时期内团队成员的贡献、业绩和成果挂钩，以确保公平、公正。具体来说，应该根据团队成员在过去一段时间内的贡献和成果，包括完成的任务、创造的价值、带来的利润等，来计算他们的奖励或者分配股份。此外，还应该确保每个成员都有平等的获得奖励或者分配股份的机会，以避免任何一个人因为贡献不足或者其他原因而被排除在外。同时，应该建立一套完善的奖励和分配机制，以确保奖励和分配的公正性和透明度，并且能够持续地激励团队成员的积极性和创造性。

（六）合理授权

合理授权可以让每个成员充分展现自己的能力和潜力，能够促进个人职业的发展，也可以为团队的发展提供更多的可能性。合理授权可以提高团队的效率和生产力，因为授权可以减轻领导者的负担，让领导者将更多的精力放到更为重要的工作上，从而提高团队的工作效率和生产力。

（七）团队培训与学习

团队培训与学习是提高团队凝聚力和战斗力的重要途径之一。通过团队培训与学习，团队成员可以更好地了解团队的目标和愿景，增强团队协作和沟通能力，提高工作效率和质量，从而更好地实现团队的目标。

第四章　大学生创业团队的建设

在团队培训和学习中,团队领导者应该明确团队的目标和愿景,确定需要改进的地方和方向,并为团队成员提供清晰的学习和成长路线。同时,团队领导者还应该为团队成员提供足够的资源和支持,确保团队成员能够充分参与和体验培训和学习的过程,从而获得更多的收益。

团队培训与学习的方式有很多种,包括户外拓展、研讨会、案例分析、实践操作等。通过这些方式,团队成员可以更好地了解团队的目标和愿景,提高自己的沟通和协作能力,增强自己的执行力和创新能力,从而更好地实现团队的目标。

(八)团队凝聚力建设

建设团队凝聚力可以增强团队成员之间的沟通和合作。以下是一些建设团队凝聚力的方法。

1. 增强团队成员之间的沟通和合作

团队领导者应该鼓励团队成员之间的沟通和合作,提高团队的协作和沟通能力。通过讨论、会议和其他形式的交流,团队成员可以更好地了解彼此的想法和意见,增强团队的向心力和凝聚力。

2. 建立共同的目标和愿景

团队领导者应该建立清晰的团队目标和愿景,让团队成员了解团队的使命和愿景,增强团队成员对团队的认同感和归属感。同时,团队领导者还应该为团队成员提供明确的职责和角色,让团队成员更好地理解自己在团队中的定位和贡献。

3. 提供良好的工作环境和氛围

良好的工作环境和氛围可以增强团队成员的工作动力和积极性。团队领导者应该为团队成员提供一个舒适、整洁和有序的工作环境,鼓励团队成员之间的合作和交流,营造积极向上的氛围。

4.奖励和认可团队成员的贡献

团队领导者应该建立一套奖励和认可机制,对团队成员的工作和贡献进行及时的认可和奖励,增强团队成员的归属感和自豪感。同时,团队领导者还应该建立一个公平、公正的评价体系,对团队成员进行客观、公正的评价,避免任何一个人因为贡献不足或者其他原因而被排除在外。

三、创业团队生命周期管理

随着企业家的成长和创业项目的推进,创业团队逐渐强大并得到完善。创业团队的生命周期可以划分为成立期、动荡期、稳定期、高效期和过渡期五个阶段,每个阶段的管理技能和策略如下。

(一)成立期管理

这个阶段的重要标志是团队刚刚组建,士气高昂,对未来有着高回报的愿景。团队成员热情、友好,彼此彬彬有礼。然而,团队缺乏共同创业的经验,并且在工作中表现出对经理的依赖。在这一点上,团队面临的主要工作是减少不确定性,在团队内部相互测试和评估,培养合作经验,并开发可以帮助他们开展创业活动的外部社交网络。

(二)动荡期管理

处于这一时期的团队成员很明显感觉到理想与现实的差距,可能会对现实产生不满情绪,使创业热情受到打击,士气低落;团队成员彼此熟悉。受到利益冲突的影响,团队成员之间开始职位和权力的争夺,团队中出现了"小团体"。领导的声望开始下降,新员工对领导的依赖度逐渐降低。在这一点上,一些队员选择离开,而另一些队员则选择继续战斗。

对于团队管理者来说,有必要掌控全局,建立和维护规则,鼓励团队成员就有争议的问题发表意见。对于一些积极的现象应该及时识别和表扬,纠正团队中的消极和不利现象,着力营造良好的团队文化氛围。

(三)稳定期管理

稳定期是团队发展的第三个阶段。经过前两个阶段的磨合,团队成员基本稳定,工作能力也有所提高,开始为企业创造价值。管理者树立良好的个人形象是这一阶段应该重点注意的,同时作为管理者,应尽量为整个团队创造良好的沟通氛围,将团队中的不和谐因素扼杀在摇篮里,尽可能地将权力下放给团队成员,并做到时时刻刻激励团队成员。

(四)高效期管理

进入高效期等于进入了团队的黄金时期。这一时期,团队士气空前高涨,每个团队成员能够胜任并顺利完成自己的工作,团队成员对团队的未来充满信心。和谐的团队成员关系逐渐淡化甚至基本消除了派系概念,团队成员高效愉快的合作达到了顶峰。当管理者看到一片欣欣向荣的景象时,他们可能会放松警惕,滋生自满情绪。

生命周期有高潮也有低谷。作为团队管理人员,不能过度沉迷于已经取得的成就,这样会导致灾难性的跌倒。此时,团队管理者需要共同发展,设定更高、更具挑战性的目标,让团队成员看到新的希望和新的动力。同时,作为团队管理者,对于团队成员的工作表现应及时给予认可,对团队成员许下的承诺也应及时履行,及时发现"高产期"表面下的矛盾和问题。

(五)转变期管理

转变期往往会出现业绩下滑,发展空间变小的情况,此时团队成员可能会产生对现状不满意,希望获得更高的回报的情绪;团队失去了共同的目标,团队成员之间的利益冲突也逐渐加深;成员的个人发展速度超过了团队的发展速度,他们有建立单独门户的想法;团队需要重新定义或建立新的团队目标,调整团队原有的结构和工作程序,消除累积的弊端。

四、创业团队的管理策略

团队管理是一门艺术,它注重发挥团队的多样性优势,同时保持团队的稳定性,灵活实施具体情况,并充分利用一些通用原则。

(一)团队精神的构建

1. 确立团队领袖

企业需要具有权威性的主管,创业团队中也需要有明确的团队负责人。有明确的团队成员一起参与创业,也需要提前确认好谁是领导者,谁是最终做出决定的人,当出现利益冲突或严重分歧时,具体由谁来决定。一个成功的创业团队首先需要指定团队领导者,由他们承担起权威主管的责任。在创业过程中,作为团队领导者要随时沟通、协调和激励团队成员,不断提高团队的整体水平,以满足企业成长的需要。

2. 打造团队精神

团队精神是大局意识、协作精神和服务精神的集中体现。团队精神是一种协作精神,它反映了个人利益和整体利益的统一,从而确保了组织的高效运作。团队精神使团队成员能够为实现目标而共同努力。团队精神可以通过团队内部形成的理念、力量和氛围的影响来约束、规范和控制团队中的个人行为。这种控制更持久、更有意义,更容易深入人心。因此,团队精神的建设尤为重要,团队精神建设有必要培养团队成员的专业精神。职业奉献是一种积极向上的生活态度,认真做好本职工作是职业奉献最根本的方面。要想成为专业人士,企业家必须有"三颗心",即耐心、毅力和决心。遇到困难不能退缩,情绪低落也不能随便处理事情。没有什么事情是一蹴而就的,仅靠一时的热情和三分钟的热情是做不到的。

第四章　大学生创业团队的建设

（二）创业领导者的行为策略

领导者是整个创业团队的灵魂人物，是整个团队力量的协调者和整合者，其所担当的角色和行为策略对于创业团队的高效运作乃至创业项目的实施具有关键的作用。优秀的创业团队领导者总是有一些共同的特点，我们可以从中学习。

1. 个人魅力

一个优秀的创业团队领导者总是有一种别人感知和认可的气质，这种气质可以微妙地影响他人的情绪和活动，从内心深处产生信任感和敬畏感。这种气质通常包括慷慨和善良、勇气和智慧、承担责任的勇气、处理事情时不感到惊讶以及热情和坚韧。

2. 善于决策

成功的商业领袖总是能够从各种复杂的情况中快速准确地找到解决方案和目标，全面、彻底、深刻地识别关键问题，并为团队指明方向。

3. 尊重他人

一个商业领袖越是杰出，他就越懂得尊重下属。他们的尊重体现在愿意听取下属的意见和想法，并提供积极的指导；尽可能满足下属的个人发展需求；以同理心的方式关心下属的工作和生活。

4. 合理授权

有了明确的目标，让下属有能力和权威去做事，并对结果负责，但当他们遇到困难时，要站出来帮助他们解决问题。通过授权培养更多的领导者，所有杰出的领导人都有一个典型的特征：他们愿意在任期内明确培养更多的领导人，而不是下属。最成功的领导者是那些将工作委托给他人，将下属培养为领导者，并将领导者转变为变革者的人。

5. 善于激励

动机不仅可以激发潜能,还是诱因和伤害的结合,但最强大的动机是改变心态,以结果为导向,引导下属将思想和注意力集中在光明、美好的前景上。

6. 重视构架关系

一个好的业务领导者应该重视体系结构关系。生活在社会中,人际关系是个人成长和企业成功的重要条件和资源。关系如同一张网,构成了人和团体、企业和客户、企业和政府、企业和企业之间的互动。任何领导者都不能缺少"关系管理"。

7. 高瞻远瞩

成功的企业花 20% 的时间处理眼前的各种紧急事务,只是为了谋生;把 80% 的时间留给不那么重要的事情,也就是未来。成功的企业家总是能够透过现象看到本质,有细致的洞察力,能够抢占机会,并始终为未来的机会作好准备。

8. 意志顽强

选择创业意味着选择艰难。创业是一场马拉松,一旦开始就无法停止,而它的终点是创业的失败。在创业的道路上,企业家们奋斗不止,没有必胜的信念和不屈不挠的意志,很难坚持取得成功。毅力是永不告别、下定决心取得成果的精神。创业领袖需要在每个人都失去信心的情况下保持信念,并有决心和号召力在黎明前冲破黑暗。

9. 终身学习

处于商业竞争日益激烈的环境下,作为商业领袖要面临很多新的挑战,如及时更新观念和提高技能,这就需要他们能时刻保持终身学习的态度。当下社会衡量企业成功的标准是创新能力,创新来自不断学习。没有学习,就不会有新的想法、新的策略和正确的选择。

10.家庭和谐

完美的商业领袖经常把家庭比作登山的后备营地。企业家们明白,后备营地的实力决定了他们"登山"的高度。他们也明白成功的重要性。全面的成功才是成功,家庭的幸福使他们的事业无怨无悔地取得成功。

(三)创业团队管理的有效机制

1.建立责、权、利统一的团队管理机制

在团队运作过程中,先要将承担主要任务的人员挑选好。解决这些问题是一个妥善处理创业团队内部权力关系的过程,最终最大限度地减少能力和责任的重复。总体而言,团队管理应在保持团队稳定的同时,充分发挥团队多样性的优势,充分利用团队成员的互补优势,同时坚持控制权和决策权的统一。还要能完美地梳理团队内部的利益关系。在确定利益关系时,要重视契约精神,明确团队成员的利益分配机制;反映个人贡献的差异,关注成员的利益。企业薪酬体系除了股票、工资、奖金等经济奖励外,个人成长机会和相关技能升级等因素也是必须要考虑的。每个成员的价值观并不相同,这主要取决于他们的价值观、目标和愿望。有些人看重长期资本收益,而另一些人只看重短期收入和职业稳定。由于新团队的薪酬制度至关重要,而大多数初创公司在创业时的财务资源非常有限,因此有必要仔细研究和规划整个企业运营期的薪酬制度。同时,薪酬水平不受贡献程度和增加人员数量的限制,确保薪酬是根据贡献支付的,而不是因人员增加而减少。

2.建立有效的激励机制

将人本管理思想运用到企业工作实践中,可以加强激励机制,极大地调动了员工的积极性和创造性,使各项任务的顺利完成成为可能。实

施激励措施的基本方法和主要内容如下：

（1）形象激励

一个好的单位形象可以形成强大的向心力和凝聚力。只有拥有良好的企业形象，成员才能在所从事的工作中表达成就感和幸福感，增加向心力的作用，从而推动企业各项任务的进展和有序发展。

（2）目标激励

人们的热情和创造力往往是由于心中有一定的目标，这就是人们行动的动机。在设定目标时，企业应该让员工参与进来，不仅是为了向他们展示自己的价值观和责任，而且是为了在他们实现目标后获得对工作的满足感和热情。

（3）榜样激励

作为公司领导，在管理工作过程中，尽量将重心下移，把服务基层员工、解决基层员工问题作为工作的出发点和落脚点，做到与员工"三同"，即以同样的方式分配任务、以同样的方法评估收入、以同样方式实现奖惩。工作中经常会出现棘手的问题。在这个时候，领导者应该以身作则，带头与他们打交道。当问题没有解决，任务没有完成时，首先要追究自己的责任，不能推卸责任，亲自提高员工的责任感。

（4）竞争激励

在公司员工感到疲惫和懒惰时，有必要制定相关的竞争和激励制度来激励他们，通过竞争最大限度地发挥他们的能力和潜力，不断提高他们的工作水平和效率。内部竞争过程中，企业内部员工和部门间存在竞争关系，会使员工充分发挥主动性，努力将压力转化为动力，始终将命运与工作责任联系在一起，形成强大的凝聚力。

五、团队管理中最容易出现的问题

团队管理中最容易出现的问题包括以下几方面。

（一）沟通不畅

团队成员之间缺乏有效的沟通和合作是团队管理中最容易出现的问题之一。这可能是由于团队成员之间缺乏信任、沟通技巧不足或者工作分配不合理等原因导致的。解决这个问题的方法如下。

1. 增强团队成员之间的沟通和合作

团队领导者应该为团队成员提供一个开放、透明和包容的工作环境，鼓励成员之间的交流和协作，建立开放的沟通机制和渠道，及时解决问题和冲突。

2. 提高团队成员的沟通技巧

团队领导者应该为团队成员提供一些沟通技巧和方法的培训和指导，帮助成员更好地理解和表达自己的想法和意见，增强团队成员之间的沟通和合作。

3. 明确工作分配和职责

团队领导者应该根据任务的具体情况，明确工作分配和职责，让成员明确自己的工作内容和责任，增强团队成员的责任心和执行力，提高团队的工作效率和生产力。

4. 建立良好的团队文化和价值观

团队领导者应该建立一个积极向上、和谐共处的团队文化和价值观，让成员感受到团队的温暖和支持，增强团队成员之间的向心力和凝聚力。

（二）决策不明确

团队领导者缺乏明确的决策机制和程序是团队管理中最容易出现的问题之一。这可能是由于领导者缺乏有效的决策方法和程序，或者决策过程过于复杂和耗时，导致决策效率低下和风险增加，同时也会影响团队成员的积极性和创造性。解决这个问题的方法如下。

1. 建立明确的决策机制和程序

团队领导者应该建立明确的决策机制和程序，明确决策的流程和标准,让成员清楚地了解决策的过程和标准,提高决策的效率和质量。

2. 培养领导者的决策能力

团队领导者应该增强自己的决策能力和决策技巧,学习和掌握一些有效的决策方法和程序,提高决策的准确性和可靠性,同时也可以减轻成员的负担和压力。

3. 鼓励成员参与决策

团队领导者应该鼓励成员参与决策的过程,提高成员的参与度和积极性,增强成员的责任感和归属感,从而提高团队的工作效率和生产力。

4. 学习和掌握一些有效的决策方法和程序

团队领导者应该学习和掌握一些有效的决策方法和程序,如SWOT分析、数据分析、情景分析等,提高决策的科学性和有效性,从而提高团队的工作效率和生产力。

(三)执行不力

团队成员缺乏执行力和责任心是团队管理中最容易出现的问题之一。这可能是由于成员缺乏正确的工作态度和技能,或者没有得到适当的培训和支持,导致任务无法按时完成或者出现偏差,从而影响团队的工作质量和效率。解决这个问题的方法如下。

1. 提供正确的工作态度和技能培训

团队领导者应该为成员提供正确的工作态度和技能培训,帮助成员掌握正确的工作方法和技能,提高工作效率和质量。

2. 建立有效的工作绩效评估机制

团队领导者应该建立有效的工作绩效评估机制，对成员的工作表现进行及时的评估和反馈，激励成员提高工作绩效和责任心。

3. 提供适当的支持和资源

团队领导者应该为成员提供适当的支持和资源，如培训、技术支持、资金支持等，帮助成员更好地完成任务和实现目标。

（四）缺乏激励机制

团队缺乏有效的激励机制和奖惩措施也是团队管理中最容易出现的问题之一。这可能是由于领导者缺乏有效的激励方法和措施，或者奖惩措施不公平，导致成员工作动力不足和积极性下降，同时也会影响团队的工作氛围和士气。解决这个问题的方法如下。

1. 建立有效的激励机制和奖惩措施

团队领导者应该建立有效的激励机制和奖惩措施，如奖励表现优秀的成员、惩罚表现不佳的成员、增加团队的工作压力等，激励成员提高工作绩效和积极性。

2. 公平公正地分配奖励和惩罚

团队领导者应该公平公正地分配奖励和惩罚，确保奖励和惩罚的公正性和合理性，从而激励成员提高工作积极性和责任心。

（五）文化冲突

团队成员之间的文化差异和冲突，会影响团队的和谐和稳定，从而影响团队的工作效率和生产力。解决这个问题的方法如下。

1. 促进文化差异的理解和沟通

团队领导者应该促进不同文化背景的成员之间的理解和沟通,让成员了解彼此的文化差异和冲突,增强相互理解和包容,从而减少团队内部的冲突和矛盾。

2. 提供相关的培训和支持

团队领导者应该提供相关的培训和支持,如文化差异的介绍、语言和习俗的差异等方面的培训,帮助成员更好地了解和适应不同的文化环境,从而提高团队的和谐和稳定性。

(六)管理不当

团队管理者缺乏专业知识和管理技能,会导致管理不当和冲突,同时也会影响团队成员的士气和工作积极性。解决这个问题的方法如下。

1. 建立良好的管理文化和价值观

团队领导者应该建立一个积极向上、和谐共处的管理文化和价值观,让成员感受到管理的重要性和价值,增强成员之间的合作和责任心,从而减少管理不当和冲突对团队的影响。

2. 引导管理行为和方式

团队领导者应该引导管理行为和方式,如建立明确的管理流程和标准、明确管理责任和权限、建立有效的反馈和沟通机制等,提高管理的效率和质量。

3. 处理管理问题和冲突

团队领导者应该及时处理管理问题和冲突,鼓励成员勇于提出意见和建议,建立一个互相理解、互相支持的团队氛围,提高团队的工作效率和生产力。

第五章　大学生创业机会的把握

创业就是发现市场需求,寻找市场机会,并通过投资和经营企业来满足这些需求的活动。向客户提供有价值的产品和服务,并通过产品和服务实质性地满足客户的需求是创业的根本目的和主要手段。在众多客户中,如何识别和把握创业机会,是创业成功的关键所在,也是摆在企业家面前的紧迫问题。机会与风险并存,在企业初创阶段,企业家也会承担巨大的风险,特别是那些创业计划和创业公司较为复杂的。在创业道路上,企业偏离预期目标也是时常发生的事情,因此,对项目的风险进行源头辨识,是预防项目失败的一种行之有效的方法。

第一节　创业机会的内涵

一、创业机会的概念

"创业机会,主要是指具有较强吸引力的、较为持久的、有利于创业的商业机会。创业者可以据此为市场提供有价值的产品或服务,并同时获益。"[1]

二、创业机会的特征

创业机会的特征包括以下几个方面(图5-1)。

---

[1] 王涛,刘泰然.创业原理与过程[M].北京:北京理工大学出版社,2019.

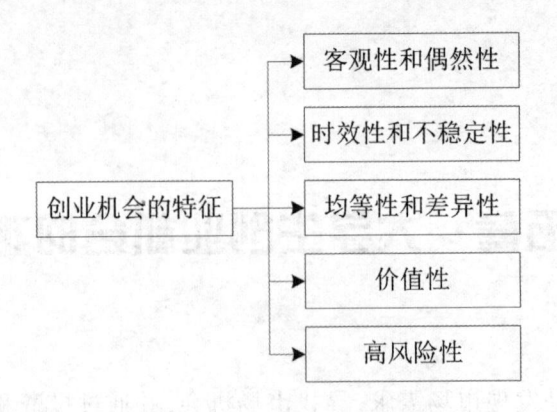

```
创业机会的特征 → 客观性和偶然性
              → 时效性和不稳定性
              → 均等性和差异性
              → 价值性
              → 高风险性
```

图 5-1 创业机会的特征

（一）客观性和偶然性

创业机会是在市场环境中客观存在的，但并不是每个创业机会都能被成功抓住的。创业者需要具备一定的市场敏感性和洞察力，能够发现和识别市场中的潜在机会。同时，创业机会的出现也存在一定的偶然性，需要创业者有一定的运气和机缘。

（二）时效性和不稳定性

创业机会都有一定的时效性，也就是说，机会出现的时间和地点都是有限制的，错过了就不再存在。同时，市场环境也是不断变化的，创业者需要时刻关注市场动态，及时抓住机会。

（三）均等性和差异性

创业机会对于不同的人和企业来说，是均等存在的。但是，每个人和企业对同一个市场机会的认识和利用程度是不同的，因此，能够获利的可能性及大小也会有所差别。

（四）价值性

好的创业机会能够创造价值，满足用户需求，同时也能为创业者带来收益。创业者需要判断一个创业机会是否有价值,是否能够为用户和自己创造价值。

（五）高风险性

创业本身就是一种高风险的活动,创业机会的获取也需要创业者冒一定的风险。创业者需要在机会与风险之间进行权衡,做出明智的决策。

三、创业机会的分类

（一）根据行业进行分类

根据行业,可以将创业机会分为消费品机会、产业机会、服务机会等（图5-2）。

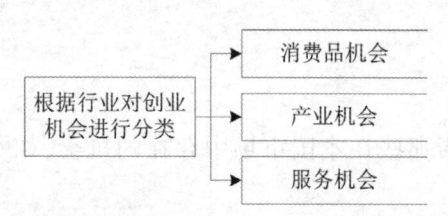

图 5-2　根据行业对创业机会进行分类

1. 消费品机会

消费品机会是指那些面向个人消费者的产品和服务机会,如个人护理产品、食品饮料、服装饰品等。

2. 产业机会

产业机会是指那些面向生产者或供应商的产品和服务机会,如科技、医疗、金融、物流等。

3. 服务机会

服务机会是指那些面向服务提供者的产品和服务机会,如在线教育、医疗服务、环保服务等。

(二)根据地区进行分类

根据地区,可以将创业机会分为国内机会和国际机会(图5-3)。

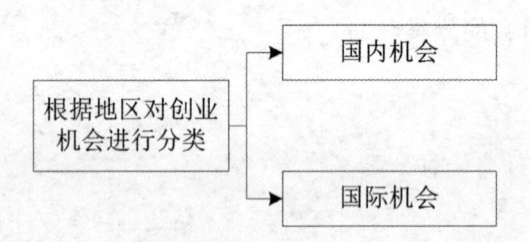

图 5-3　根据地区对创业机会进行分类

1. 国内机会

国内机会是指那些在本国市场中存在的机会,如本土化电商、社交媒体、在线支付等。

2. 国际机会

国际机会是指那些在全球范围内存在的机会,如跨境电商、国际物流、全球化医疗等。

(三)根据阶段进行分类

根据阶段,可以将创业机会分为种子期、初创期、成长期、成熟期和衰退期(图5-4)。

根据阶段对创业机会进行分类 → 种子期 / 初创期 / 成长期 / 成熟期 / 衰退期

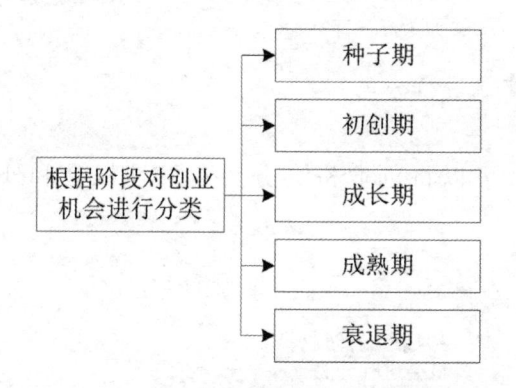

图 5-4　根据阶段对创业机会进行分类

1. 种子期

种子期的创业机会是指那些刚刚开始发展,需要进一步完善的机会。

2. 初创期

初创期的创业机会是指那些处于创业初期,需要进一步发展的机会。

3. 成长期

成长期的创业机会是指那些发展速度较快,需要进一步扩大规模和提高市场份额的机会。

4. 成熟期

成熟期的创业机会是指那些发展相对成熟,需要稳定发展和提高市场份额的机会。

5. 衰退期

衰退期的创业机会是指那些发展速度缓慢,需要逐渐退出市场的机会。

(四)根据来源进行分类

根据来源,可以将创业机会分为自发性机会和外源性机会(图5-5)。

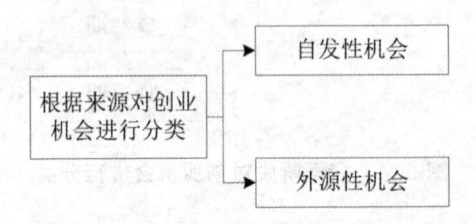

图5-5 根据来源对创业机会进行分类

1. 自发性机会

自发性机会是指那些在市场中自然产生的机会,如需求的细分、技术的变革、社会的变迁等。

2. 外源性机会

外源性机会是指那些通过市场竞争产生的机会,如竞争对手的失误、市场空缺、政策变化等。

(五)根据时机进行分类

根据时机,可以将创业机会分为初创期机会、成长期机会和衰退期机会(图5-6)。

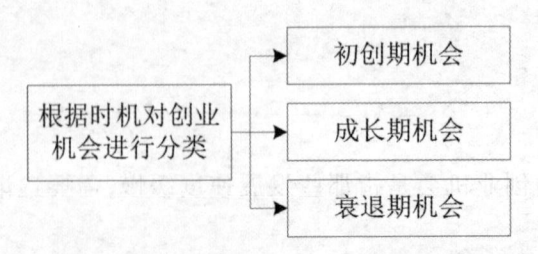

图5-6 根据时机对创业机会进行分类

第二节 大学生创业机会的识别与评价

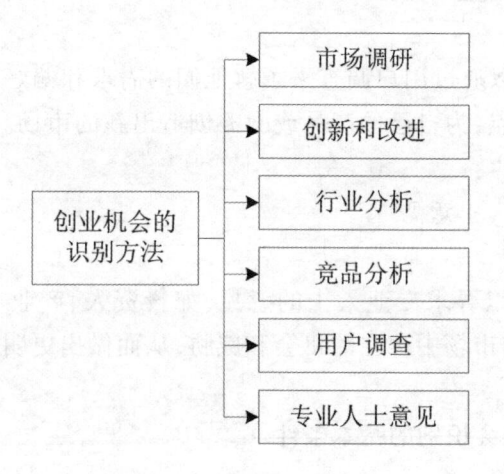

一、创业机会的识别方法

创业机会的识别方法有很多种,以下列举了几种常见的方法(图5-7)。

(一)市场调研

创业者可以通过市场调研来了解当前市场的需求和趋势,观察消费者的行为和反应,寻找市场中存在的痛点或需要解决的问题,从而发现潜在的创业机会。

图 5-7 创业机会的识别方法

（二）创新和改进

创业者可以通过对现有产品或服务的不足之处进行创新和改进，来满足消费者的需求，并创造出独特的价值。

（三）行业分析

创业者可以通过对所在行业的发展趋势、市场规模、竞争程度等方面进行分析，来判断当前市场中存在的机会和潜在的威胁，从而发现适合自己的创业机会。

（四）竞品分析

创业者可以通过对同行业竞品的分析，来发现它们的不足之处，从而找到自己的差异化定位，发现市场中的机会。

（五）用户调查

创业者可以通过用户调查来了解他们的需求和偏好，从而发现市场中存在的空白点，为自己的产品或服务创造出新的市场。

（六）专业人士意见

创业者可以寻求专业人士的意见，如投资人、产业专家、行业协会等，来了解当前市场中存在的机会和威胁，从而做出更明智的决策。

二、创业机会识别的基本条件

创业机会识别的基本条件包括以下几个方面（图5-8）。

第五章　大学生创业机会的把握

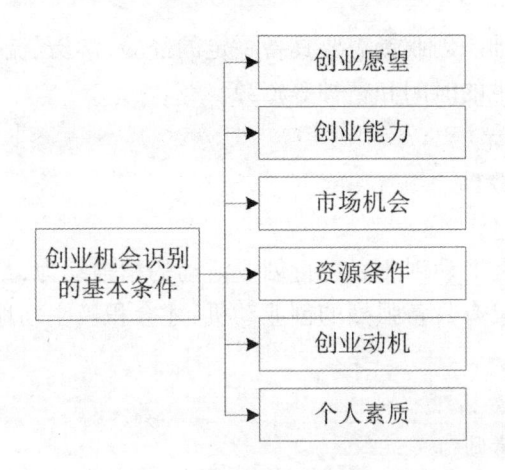

```
                          ┌─→ 创业愿望
                          │
                          ├─→ 创业能力
                          │
创业机会识别    ├─→ 市场机会
的基本条件      │
                          ├─→ 资源条件
                          │
                          ├─→ 创业动机
                          │
                          └─→ 个人素质
```

图 5-8　创业机会识别的基本条件

（一）创业愿望

创业愿望是创业者进行创业活动的内在动力和原始动力,是创业机会识别的前提和基础。只有具备强烈的创业意愿,才会主动去寻找和识别创业机会。

（二）创业能力

创业者需要具备一定的创新能力、市场洞察力、资源整合能力和风险承受能力等创业能力,这是创业机会识别的基础和保障。

（三）市场机会

创业机会是在市场中存在的,因此,市场机会是创业机会识别的重要前提。创业者需要关注市场动态,发现市场中的潜在机会,关注竞品和行业发展趋势,及时抓住机会。

（四）资源条件

创业者需要具备充分的人力、财力、物力等资源条件,这是创业机会识别的物质基础。创业者需要具备一定的经验、学历、流动资金等,同时还需要具备充足的时间和精神等资源。

(五)创业动机

创业动机是推动创业者进行创业活动的精神动力,是创业机会识别的内在动力。只有具备强烈的创业动机,才会积极主动地去寻找和识别创业机会。

(六)个人素质

创业者需要具备良好的个人素质,如诚信、勤奋、耐心、毅力等,这是创业机会识别的个人基础。创业者需要具备良好的个人形象和社交技巧,能够与他人建立良好的合作关系,并吸引潜在客户。

三、创业机会的评价

创业机会的评价方法主要有三种,具体如下所述。

(一)定性方法

主要对下面的内容进行评估:该创业机会是否能够成功,具备哪些成功的条件;在激烈、残酷的市场竞争中,该企业实力是否强劲,相比于竞争对手,是否优势明显;公司创立之后核心竞争力是什么;公司目前的发展战略与方向是否与设定的计划一致。

(二)定量方法

根据市场营销规划的最初制定,再从财务角度评估所选定的机会与创业目标是否一致,一般从市场需求量预测、运行成本分析、项目利润分析(图5-9)三个方面着手进行。

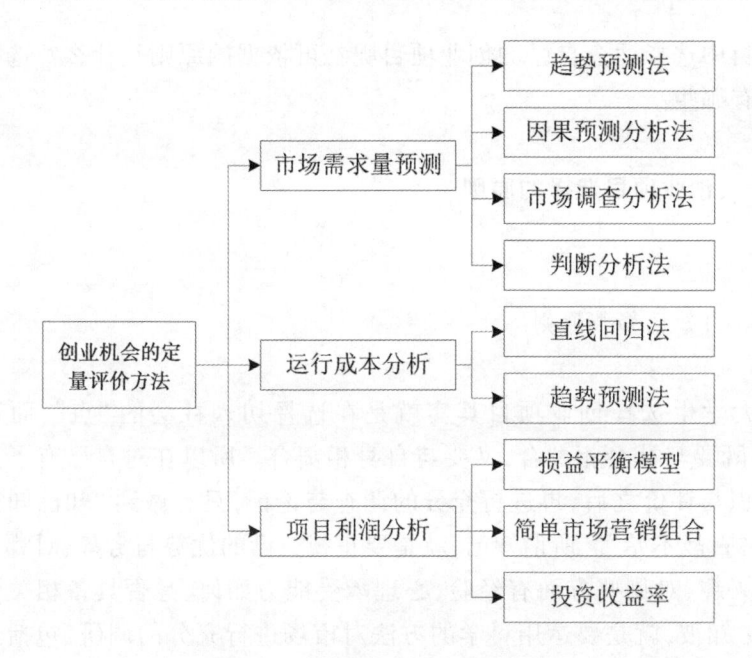

```
                          ┌─ 趋势预测法
              ┌─市场需求量预测─┼─ 因果预测分析法
              │              ├─ 市场调查分析法
              │              └─ 判断分析法
创业机会的定   │
量评价方法 ───┼─运行成本分析─┬─ 直线回归法
              │              └─ 趋势预测法
              │
              │              ┌─ 损益平衡模型
              └─项目利润分析─┼─ 简单市场营销组合
                             └─ 投资收益率
```

图 5-9　创业机会的定量评价方法

（三）阶段性决策方法

阶段性决策方法需要对不同阶段的创业机会进行评价。创业机会能否跨越各阶段的"门槛"，与创业者常常面临的诸如目标回报率、风险偏好、资金资源、个人责任感、个人目标等的制约密切相关。

第三节　大学生创业项目的选择

创业项目的选择非常重要，因为一旦创业项目确定了下来，也就代表创业方向确定了。创业项目选择得好，代表着创业创造出了一个良好的开局，俗话说，良好的开端是成功的一半，所以第一步很关键，一定要慎重，同时这对于绝大多数的大学生创业者来说都是艰难的。那么对大学生来说，什么样的项目才是好的创业项目呢？怎么样在众多类型的创业项目中选择适合自己的创业项目呢？可依据的原则是什么？选择的方法有哪些？

一、创业项目选择的原则

（一）知己知彼原则

大学生选择创业项目其实就是在选择切入社会的"点"，而这个"点"既要与社会相契合，又要与自身相契合。所以在对自己有了正确的认识与评价之后，再进行充分的调查与论证，只有做到"知己知彼"，才能"百战不殆"。所谓知己，就是要正视自己的优势与劣势、对哪些方面感兴趣、对哪些方面有经验、心理承受能力如何、是否具备相关资源等等；知彼，就是要运用科学的方法对市场进行充分的调研，包括经营环境（政策、法律环境,行业环境,宏观经济状况），市场需求（需求预测分析、需求发展趋势与前景），目标客户的具体情况（如年龄阶段、需求程度、购买动机、使用习惯等），竞争对手的具体情况（竞争对手的数量与规模、分布与构成、营销策略等），销售策略等。

（二）充分利用自有资源原则

这里提到的自有资源，指的是创业者本身所拥有的或者是他能够直接掌控的资源，具体包含专有技术、行业从业经验、经营管理能力、个人社会关系、私有物质资产等。与其他非自有资源相比，自有资源的获得更容易，使用的成本更低，并且在开发的过程中，这种资源更易于让项目在激烈、残酷的市场竞争中获得标新立异的优势，立于不败之地。

（三）项目特色原则

如果大学生选择的创业项目不具有特色,那么该项目要想获得成功很难，因为特色是项目的核心竞争力、是创业公司赖以生存、立足的必要基石。创业项目无特色似浮萍。

（四）效率优先原则

大学生创业者因为自身的先天因素，往往在创业时缺乏资金和客户资源。所以，为了尽早摆脱创业初期的危险阶段，让项目的运营走上正轨，在同样的情况下，应该优先选择短、平、快的项目。通过这种方式，可以快速回笼资金，减少投资的风险。如果一个项目的成长性很差，那么创业者完全可以在这个过程中继续维持经营，或者在这个过程中抽身而退，拿着"第一桶金"去寻找新的项目。

二、常见的大学生创业项目

大学生可选择的创业项目有很多，主要包括以下四种类型。

（一）摊贩型创业项目

该类项目一般以摊车或者摆地摊的形式在早市、集市、夜市、车站、公园门口、学校门口等人流量集中的地方经营。摊车一般以餐饮为主，如早点、紫菜包饭、烤串等小吃，奶茶等饮品；地摊所售商品包罗万象，可以是箱包皮具、服装、饰品、儿童玩具等等。

（二）居家型创业项目

居家创业是以家为创业场所，不需要租店铺，节省了资金，大大降低了前期投入。适合居家创业的项目有：家政、翻译、平面设计、课程辅导班、各种兴趣班等。这种创业方式需要创业者具备一定的专业技术能力。比如做平面设计，那么需要熟练运用各种平面设计软件。由于在家中办公，无人监督，也没有人对比，所以极易出现懈怠，创业者一定要具有一定的韧性坚持下去。同时，该类型的创业者需要靠自己去拓展业务，开发客户，可能会遇到各种困难，甚至可能会出现无业务可干的局面，所以创业者的内心要强大，以积极乐观的态度去迎接挑战，风雨过后总会有彩虹。

（三）业务型创业项目

业务型创业项目投入少，成本小，就像在公司上班一样，一般是加盟或代理某品牌的产品，但客户需要自己开发。因为产品不是自己生产或制作，所以质量不好把控，为了吸引顾客或留住顾客，要提升服务质量，以顾客为中心，提高购物体验的舒适度，提升顾客满意程度的指数，促进转化。该类型的创业项目如果缺少客户来源那么很难取得成功，所以创业者，要善于主动出击，真诚待人，乐于助人，善于倾听，积极参加各种活动，拓展人脉，同时还要定期联络维护人脉。

（四）网络开店型创业项目

网络开店的主要形式有两种，一种是网络拍卖，另一种是网络店铺，这种创业方式不仅要掌握电脑的基本操作、网店设计能力、各种营销策略等，更重要的是审美能力强，会选品等等。

三、创业项目选择的方法

大学生在选择创业项目时，应选择以下类型的项目。
（1）选择高附加值项目。
（2）选择高市场容量的项目。
（3）选择具有垄断性的项目。
（4）选择低风险（政策风险、技术风险和市场风险）项目。
（5）选择资金占用量低的项目。
（6）选择产品生命周期长的项目。

四、创新产品开发与价值创造

（一）创新产品开发

大学生创业公司对新产品的研发能力普遍较弱，引进方式适用性强。然而,该产品的经济生命周期是不确定的,引入需要很高的成本,并有一定的限制。如果采用复制方式,根据样品复制国内外的新产品,开发新产品以快速赶上竞争对手,可以降低成本,提高成功效率。但其总是落后于市场一步,市场份额低于主导新产品开发的企业。解决这个问题的办法是模仿和创新。模仿和创新并不等于抄袭。正当性的模仿创造在成熟的市场经济中是普遍存在的。所以,要想取得成功,就必须把模仿与创新有机地结合起来。而通过自主开发获取的新产品属于企业发展的最高层次,其过程也是最系统、最复杂的,其主要包含了如下的几个阶段。

1. 构思创意阶段

在构思和创意阶段,需要经历两个步骤:构思筛选和形成新的产品概念。新产品概念筛选是利用适当的评价体系和科学的评价方法,通过分析和比较各种想法,选择最有前景的想法的过程。筛选中有两种类型的错误需要防止:一种是放弃的错误,即在没有仔细深入分析的情况下,不小心放弃了潜力、有前途和有价值的想法,导致机会的丧失;二是选择不正确,是指在评估不准确的情况下,仓促选择没有发展前景或凭企业实力难以实现的想法,造成浪费。新产品的概念是一种主观的想法,公司希望在新产品实际生产之前将其灌输给客户。一般来说,一个完整的新产品概念由四个部分组成:消费者视角、好处、支持点和总结。

2. 新产品设计阶段

产品设计是指从确定产品设计规范到确定产品结构的一系列技术工作的准备和管理。

(1)脑力激荡。脑力激荡,也称为集体思维或智力刺激。参与者打破规则,充分表达自己的观点。目的是产生新的想法或激发创新的想法。这种方法能够获得广泛的信息和想法,相互启发,汇集他们的想法,在大脑中掀起头脑风暴,从而激发规划者的思维,并提出优秀的解决方案。通过各国创造性研究人员的实践和发展,这种方法形成了一组创新技术,如奥斯本智力激励方法、书面智力激励法、卡片智力激励法、反向脑力激荡法和结构脑力激荡法。脑力激荡的实施可分为三个阶段和六个步骤。

（2）六顶思考帽。六顶思考帽(six hats thinking)提供了全面思考问题的"平行思维"工具,将一群人之间毫无意义的辩论转化为头脑风暴式的创造,让每一个人都富有创造性。

（3）产品原型设计。从价值角度来看,产品原型设计是一种具有独特价值主张的产品理念,针对用户需求,尤其是客户潜在的核心需求。市场产品适应过程包括功能细节设计、工程技术、制造设计和市场投放设计。概念设计和产品市场适应构成了产品设计的整个过程。

3. 新产品试制与评价鉴定阶段

新产品的试制包括样品试制阶段和小批量试制。样品试制用于对产品的设计质量进行评估,测试结构、性能和主要工艺,验证和更正设计图纸、产品的结构和可加工性,审查主要工艺中存在的问题,最终完成产品设计。小批量试生产属于工艺准备,用以对产品工艺进行测试。试生产后,有必要对新产品进行鉴定,并从技术和经济方面对其进行综合评价。完成新产品样品鉴定后,企业可以进行小批量试生产,并在选定的具有代表性的目标城市选择和改进营销计划,这可以启发或指明改进营销策略的方向。

4. 生产技术准备阶段

新产品经过试销后,按照市场与客户的反馈,对其进行改进、定型,然后开始量产。在正式生产之前,需要进行一些生产技术的准备工作,完成从原型（或样品）试制到正式生产的过渡工作,具体内容包括对原型（或样品）设计的工艺分析、编制工艺规程和计划、制定检验标准和劳动计划。

5. 正式投产销售阶段

在新产品正式投入生产之前,有一个关键问题需要确定,即生产规模。整个生产规模从相对较低的数量水平开始,是一个增量放大过程。消费者对产品购买力是生产规模扩大与否的关键因素。在新产品商业化的过程中,要落脚于市场需求,这是新产品开发成功最关键的一步,也是新产品营销的重要环节。

(二)创新产品价值创造

1. 创新的价值定位

(1)微笑曲线。"微笑曲线"理论指出,要获得高附加值和高收入,就意味着要加强技术、人力资源、资金和时间的投入,从品牌特征、产品质量、产业链和商业模式等角度定位创新设计,挖掘高附加值设计。

(2)产品整体概念。根据现代营销理论,产品的总体概念包括核心产品、有形产品、附加产品和心理产品。一些理论还延伸到预期产品、潜在产品等层面。客户在购买某种产品时,往往会根据自己过去在结算费用和企业营销推广方面的经验,对想要购买的产品形成预期。然而,如果客户没有收到这些,他们会非常不满意。潜在产品要求企业不断寻求新的方式来满足客户,并不断将潜在产品转化为现实的产品,以使客户获得更多意想不到的惊喜,更好地满足他们的需求。在当代科技快速发展、消费者需求加速变化、市场竞争激烈的背景下,企业应根据市场需求,从产品功效、包装、款式、安装、指导、维护、品牌和形象等各个方面进行创新设计。

2. 创新企业营销管理

很多大学生在创业时,关注的是某一个有发展空间、未来是明星行业的行业,或者是一个尚处于起步或培育期的行业。大学生的兴趣转化为商业行为,不仅带来了经济效益,更重要的是,最大限度地提高了他们的精神享受,满足了自我实现的需要。一个完整的创业营销计划应该包括以下基本要素。

(1)创业营销环境分析。它指能够对企业营销活动及其目标实现产生影响和限制的所有外部环境的总称。营销环境不仅能带来营销机会,也可能反向威胁到企业的营销活动。对企业营销环境进行分析,发现新的市场机会,以采取有效的营销策略,从而取得最后的胜利。

（2）创业营销市场分析。当确信宏观环境不会对产品进入市场构成重大威胁，或者面临的威胁得到解决时，可以通过分析产品进入新的市场。创业营销策划主要围绕市场机会展开，营销策划旨在将市场机会转化为市场收入和企业利润。然而，机会总是与风险共存，在抓住机会时，必须尽可能将风险降至最低。很多人之所以创业失败，是因为他们在抓住机会时忽视了风险，或者在没有抓住机会时增加了风险。当风险开始发挥作用并失控时，就会导致创业失败。因此，创业营销策划必须明确创业营销过程中需要把握的市场机遇和需要注意的风险，并找到降低风险的方法。

（3）创业营销目标市场确立。创业营销规划的关键就是做好目标市场的规划。为了建立一个最有成功潜力的目标市场，有必要对产品将要进入的市场进行细分。选择目标市场时，可适当遵守可访问性、增长性、容量和安全性等一系列原则，在此前提下，对所选择的可能目标市场的容量进行测量。只有符合创业营销要求的才能最终确定为进入市场。

（4）创业营销目标确立。营销创业阶段要确定创业营销目标并尽量达到这一目标。

（5）精心撰写营销计划书。信息收集完毕就可以编写营销计划，营销计划旨在回答以下三个问题：企业背景、优势和劣势，以及竞争对手的背景；未来12个月新创业公司的目标；实施的具体营销策略，说明实施的时间、实施的负责人和监督的负责人。

第四节　大学生创业风险的防范

创业具有很高的风险，无论是在创业过程中，还是在企业成立后的运营中，都随时面临被市场淘汰的风险。作为一名创业者，应该时刻关注所创建的企业的整个生命周期。因此，增强风险意识，识别风险，并采取相应的风险防范措施，是每一个创业者都必须高度重视的。

第五章　大学生创业机会的把握

一、创业风险及其识别

(一)创业风险的特点

创业风险的特点包括以下几方面(图 5-10)。

图 5-10　创业风险的特点

1. 客观性

在创业的过程中,风险是客观存在的,是不以人的意志为转移的,所以说,客观性是创业风险的一个显著特点。

2. 不确定性

创业风险的不确定性是由于多种因素的影响而产生的,这些因素包括但不限于市场需求的变化、竞争压力的增加、技术创新的不断发展、财务状况的波动、人力资源的流失等。这些因素的变化都可能给创业企业带来不同程度的风险和挑战,使其面临着诸如市场风险、技术风险、财务风险、法律风险等多种风险类型。因此,创业者需要在创业过程中密切关注这些因素的变化,并采取相应的风险管理措施,以最大程度地降低创业风险对企业的影响。

3. 损益双重性

创业风险不仅会带来损失,还会带来收益。创业者需要在创业过程中认真评估自己的风险承受能力,合理配置资源,适度承担风险,以获得更多的收益。同时,创业者也需要注意防范和控制风险,制定有效的风险应对策略,以最大程度地减少风险对企业的影响。

4. 相关性

创业风险与创业者的行为和决策密切相关。创业者的决策和行为会影响到企业的创立、运营和管理等各个方面,包括市场定位、产品开发、资源配置、财务管理、人力资源管理等。因此,创业者需要根据自己的创业经验和能力,合理评估创业风险,制定科学的创业计划和风险应对策略。同时,创业者也需要具备快速适应市场变化和创新的能力,及时调整创业策略和方向,以适应市场的需求和变化。

5. 可变性

创业风险的可变性是指创业风险在创业过程中是可以发生变化的。创业风险性质的变化是指创业风险在不同的阶段和环节中可能表现出不同的形式和影响,例如技术风险可能表现为技术失败、技术泄露等,财务风险可能表现为资金短缺、财务困境等。风险后果的变化是指创业风险在不同的阶段和环节中可能带来不同的后果和影响,例如市场风险可能导致市场份额减少、利润下降等,法律风险可能导致企业面临法律诉讼、赔偿等。出现新的创业风险是指在创业过程中出现了之前没有预料到的新型创业风险,这些风险可能对创业企业产生重大影响,需要创业者及时采取应对措施。

6. 可测性与测不准性

创业风险的可测性是指创业风险可以通过定性或定量的方法对其进行估计。例如,创业产品周期的测不准与产品市场的测不准就是定性和定量方法的典型例子。创业产品周期的测不准指的是创业者难以预测创业产品在市场上的受欢迎程度和生命周期,从而可能导致创业企业在产品研发、市场营销等方面出现偏差和失误。产品市场的测不准则指的是创业者难以准确预测产品在市场上的需求量和竞争情况,从而可能导致创业企业在产品定价、销售策略等方面出现偏差和失误。因此,创业者需要通过科学的风险评估方法和技术,如敏感性分析、情景分析、概率分析等,对创业风险进行定量和定性的分析和预测,以便及时调整创业策略和方向。

总之,创业风险是在创业活动过程中不可避免的,但是创业者可以通过制定相应的风险管理策略,如风险预防、风险分散、风险转移等,来最大限度地降低创业风险对企业的影响。

(二)不同创业类型的风险

具有不确定性的创业环境、复杂的创业机会,以及具有不同能力和实力差异的创业者、创业团队和风险投资者等,都可能导致创业风险产生,进而导致创业失败。不同的创业类型因其自身的特点而具有了不同的风险。除了这些常见的风险外,不同类型的创业都有自己独特的风险防范方法。

1. 资金型的特有风险

(1)创业前要做好资金预算方案,包括启动资金预算、流动资金预算、企业开办费用等。在制定项目资金预算时,考虑到低预算会导致投资不足,而高预算会增加资金压力和财务成本等问题,因此有必要准确衡量项目的资金需求。

避免这种风险最有效的方法就是制定详细的财务预算,包括营运资金和现金流预算。

（2）在企业融资渠道多样化的情况下，要考虑其投资收益需求与所投资项目的匹配程度。为规避风险，最好的办法就是：以自有资金进行投资，其回报率要比市场上的平均回报率低（与银行同期贷款利率相当）；债务资金的成本不得超过项目的预期收益率，偿还时间不得比项目的投资回收期时间短；而股权资本，既要对其持股比例进行控制，又要对其退出机制进行合理的约定，否则，一旦出现股权资本退出，很有可能导致整个项目的停顿。

（3）具有财务优势的同行也是企业面临的主要威胁之一。当前那些拥有资金优势的企业家可能就是将来企业要面临的来自资本巨头的挑战和威胁。

针对资金型的特有风险，创业者需要制定相应的风险管理策略，如提前规划资金用途、选择合适的融资渠道、建立稳定的资金链等，以降低创业资金风险对创业企业的影响。同时，创业者也需要具备良好的财务管理能力和风险识别能力，及时发现和解决创业过程中的风险问题。并在技术、产品开发、服务延伸等方面进行扩张和延伸，逐步削弱那些拥有资金优势的企业，扩大市场竞争重点，实施多点竞争。

2. 技术型的特有风险

（1）技术的生命周期。对于技术型企业而言，其所拥有的技术的生命周期在某种程度上决定了产品的生命周期，而产品的生命周期反过来又会对企业的生命周期产生影响。因此，作为创业企业的管理者，也应将技术生命周期的长短考虑进来，并重点加以关注。

（2）技术的可复制和替代性。以技术优势建立起来的公司，应该考虑自己的技术是否能够在市场上一枝独秀，这对公司产品的市场份额有很大的影响。

3. 创意型的特有风险

创造力对企业的可持续经营和增长至关重要，无论是如昙花一般一现而过，还是一个持续而独特的角色。为了保持创造力，有必要对创造力进行充分的市场研究，重点调查现有和潜在的市场，包括目标市场人群、行业地位（蓝海或红海）、现有市场容量和扩张潜力。此外，还需要深入挖掘创意,拓展其市场空间。

对资本和技术的依赖,一般来说,一个想法对资本和科技的依赖程度越高,它被潜在竞争对手复制的风险就越低,对企业家的要求也就越高。对于依赖性较低的想法,风险规避的方法是对想法进行充分的市场研究。对于具有高度依赖性的想法,来自市场的风险相对较小,但内部风险相对较大。也就是说,由于技术和资金要求很高,很难将这一想法商业化。一方面需要寻求技术支持,另一方面需要积极筹集资金。

4. 社会资源型的特有风险

如果是通过关系和代理授权等形式创办的企业,其风险主要来源于对资本的控制水平、人际关系的维系程度和授权时间。对依靠自己所掌握的某些社会资源的创业者而言,他所掌握的这些社会资源的合法性以及是否能够得到法律的保护,对创业的可持续性至关重要,也是创业成功后能否长期维持业务的关键。规避的主要方法是使创业项目合法化,并从法律层面明确各方对所有代理特许经营的责任、权利、利益。

(三)创业风险识别的特点

创业风险识别是指在创业过程中,创业者对可能影响创业活动的各种风险进行辨认和鉴别的过程。创业风险识别的目的是帮助创业者制定有效的风险应对策略,以降低创业风险并确保创业活动的成功。创业风险识别具有以下几个特征。

1. 系统性

创业风险识别是一个系统化的过程,需要从多个方面进行考虑。在创业初期,市场需求和竞争情况是影响创业风险的主要因素,因此创业者需要对市场进行深入的调研和分析,了解市场需求和竞争趋势,制定相应的市场营销策略和竞争策略。在创业中期,技术创新和研发能力是影响创业风险的关键因素,因此创业者需要具备一定的技术创新能力和研发能力,不断进行技术创新和产品创新。在创业后期,财务管理和资金链稳定性是影响创业风险的重要因素,因此创业者需要制定合理的财务管理策略,保持资金链的稳定性。同时,人力资源管理也是影响创业风险的关键因素,创业者需要建立健全的人力资源管理制度,吸引和留住优秀的人才,为创业活动提供强有力的支持。

2. 连续性

创业风险是不断变化的,因此创业者需要不断关注市场变化、技术创新、竞争环境等方面的信息,以便及时识别和应对新出现的创业风险。同时,创业者还需要具备灵活的应变能力,及时调整自己的经营策略和管理策略,以适应市场环境的变化。

3. 制度性

创业风险识别是一个制度化的过程,需要企业建立风险管理制度,明确风险识别的流程和责任人。风险管理制度应该包括风险评估、风险应对、风险监控等方面的内容,以确保创业风险的及时识别和应对。同时,创业风险管理制度还应该明确各部门和员工的风险管理责任,并建立风险管理的监督和反馈机制,以确保风险管理工作的有效实施。

4. 相对性

创业风险识别是一个相对性的过程,需要根据创业者的实际情况和创业环境的变化进行调整。市场千变万化,变幻莫测,所以创业者要时刻关注着,及时调整自己的经营策略和管理策略,以适应新的市场和竞争环境。同时,创业者还需要具备灵活的应变能力,对可能出现的风险进行防范,随时调整风险应对策略,以确保创业活动的成功。

5. 反馈性

创业风险识别是一个反馈性的过程,需要创业者不断地对风险进行识别和评估,及时调整创业策略。创业风险是不断变化的,因此创业者需要不断地对风险进行评估和识别,及时调整自己的风险应对策略,以确保创业活动的成功。

(四)创业风险识别的步骤

创业风险识别是一个系统化的过程,需要从多个方面进行考虑,包括市场、技术、财务、管理和人力资源等方面。以下是创业风险识别的一般步骤。

1. 确定创业目标和商业模式

创业者需要明确自己的创业目标和商业模式,确定创业方向和市场定位。

2. 收集和分析市场信息

创业者需要收集和分析市场信息,包括市场需求、竞争情况、行业趋势等方面的信息,以便对市场和创业环境进行深入的了解。

3. 评估技术可行性

创业者需要评估所使用的技术、工具和流程是否适用于创业环境,以及技术上是否存在风险和挑战。

4. 分析财务风险

创业者需要分析企业的财务状况,评估财务风险和稳定性,制定相应的财务管理策略。

5. 识别管理风险

创业者需要识别企业的管理风险,包括管理层变动、组织架构调整、员工培训等方面的风险,制定相应的管理策略。

6. 评估人力资源风险

创业者需要评估企业的人力资源状况,包括员工素质、招聘、培训、绩效管理等方面的风险,制定相应的人力资源策略。

7. 持续监测和调整

创业者需要对创业风险进行持续监测和调整,根据实际情况和创业环境的变化及时调整风险应对策略。

(五)创业风险识别的方法

常见的创业风险识别方法主要有以下几种。

1. 问题识别法

通过问题可以判断大环境和小环境哪里出了问题。比如,技术出现漏洞是否可以用备用的方案。

2. 竞品分析法

通过研究竞争对手的产品,可以发现对手的优势和劣势,以及我方的优势和劣势,从而制定相应的战略来应对市场。

3. 数据分析法

通过数据分析,我们可以掌握更多的一手资料,比如某一段时间的销售数据、某一段时间的客户群体数据等,然后可以进行相应的数据推算,比如我们可以根据历史销售数据来预估未来销售数据,从而制定相应的生产计划。

4. 专家调查法

通过咨询相关行业的专家，我们可以获得更多的一手资料，比如技术的可行性、财务的健康状况、市场的前景等，从而发现我方的优势和劣势。

5. 案例分析法

通过研究已经成功的企业，我们可以发现他们成功的原因，然后根据这些成功的经验来制定相应的战略和措施。

6. 故障树分析法

通过分析故障树，可以发现事故发生的原因，从而制定相应的预防措施。

7. SWOT 分析法

通过对企业内部和外部环境的分析，可以发现企业的优势、劣势、机会和威胁，从而制定相应的战略和措施。

8. 敏感性分析法

通过分析产品或者服务的敏感性，可以发现产品或者服务存在的问题，从而制定相应的预防措施。

以上是常见的创业风险识别的方法，创业者需要根据实际情况选择合适的方法进行风险识别。需要注意的是，风险识别的方法并不是孤立的，而是相互联系、相互影响的，需要综合运用多种方法进行分析和识别。

二、创业风险的防范

(一) 创业风险的防范的方法

掌握机会风险的分类,结合风险估计,可以帮助创业者对风险进行防范与规避。风险分类有多种类型,系统风险是由全球性的共同因素引起的,企业家或初创企业本身无法控制或施加影响,也很难采取有效措施来消除。非系统风险是指企业家自身行为的不确定性所带来的风险,是企业家和新企业能够在一定程度上控制的风险,如团队风险、技术风险、企业管理风险、财务风险等。

1. 环境风险

能够对创业产生影响的因素很多,如市场需求的变化、政治、政策、法律法规的调整,以及突发的自然灾害,这些因素一旦任何一个发生变化都可能给创业者带来致命的打击。例如,国际关系或相关政策的变化可能会给承包商或企业造成损失,宏观经济环境的重大波动或调整可能会导致企业家或风险投资者面临失败。因此,创业者在创业准备阶段必须合理预测和评估未来潜在的环境风险,并提前制定相应的对策和计划。

2. 市场风险

由于市场的不确定性而可能导致创业失败的因素称为市场风险。在现实市场中,消费者是否会接受新推出的产品或服务,以及确定产品或服务的市场增长率和竞争力,是很难被创业者提前预测的。创业市场大多是有潜力和未开发的行业,市场价格的变化、市场策略的错误、市场供求的变化会给企业家带来一定的风险。这就要求企业家在创业过程中进行充分的市场研究。

市场需求风险是指创业者所创业项目的市场需求量不足,导致创业者无法实现预期的销售收入和利润。市场需求是创业者项目能否成功的重要因素之一,因此创业者需要深入了解市场需求,并根据市场需求的变化及时调整产品和服务策略,以保证项目的顺利实施。

市场竞争风险是指创业者所创业项目面临的竞争压力过大,导致创业者无法实现预期的市场份额和利润。市场竞争是创业者项目能否成功的关键因素之一,因此创业者需要制定有效的竞争策略,以保证自己在市场竞争中的优势地位。

市场变化风险是指创业者所创业项目所处的市场环境发生了变化,导致创业者无法实现预期的经营目标。市场环境变幻莫测,因此创业者需要密切关注市场环境的变化,并制定相应的应对措施,以保证自己的经营策略与市场环境的变化相适应。

3. 技术风险

创业者在进行技术创新时需要充分考虑技术的可行性和实践性。技术风险主要存在于高科技创业企业中,在产品研发、技术集成和批量生产中,由于探索性技术控制而产生了许多不确定性风险。技术创新距离产品生产存在着一定的时间差,而且也并不是所有的技术创新都能通过实践转化为产品。生产过程中的新技术遭遇障碍后,掌握新技术的企业家极有可能面临失败的结果。与此同时,高科技产品升级的速度、成果转化的短周期、市场反馈、同行业的激烈竞争以及产品设计和工艺的快速更新,往往会导致初创团队花费大量精力和时间努力开发产品、技术或服务。当它投放市场时,发现产品的竞争优势并不明显,甚至很快被取代。特别是在知识经济时代,随着企业家推出一种创新产品,同行或大型企业也有可能推出"模仿创新现象",这种模仿创新会挤压市场空间。例如,用智能手机取代传统手机的趋势导致了诺基亚曾经创造的"手机王国"的崩塌。

4. 财务风险

由于资金供应不及时致使创业失败的因素称为创业的财务风险。创业需要大量的创业资本,融资渠道很少。如果创业者不能及时解决问题,就会导致创业受挫。此外,创业需要进一步开展持续的创业活动,失去这种持续的投资能力,企业就无法按时按需提供财政支持,最终可能导致创业失败。财务风险是任何创业者都应该时刻关注的,它包括创业期间的融资风险和现金流风险。

5. 管理风险

并不是所有的创业者都是优秀的企业家,也不是所有的创业者都有优秀的管理技能。一旦企业家缺乏这两种能力,创业企业的管理就存在巨大差距。企业家开展的创业活动主要有两类:一类是企业家本身是技术人才,掌握一定的高科技创业,但不一定具备管理技能;另一种是企业家思维更活跃,在做生意的过程中往往有新鲜的想法,可以挖掘商机,但不善于战略规划和企业管理。这两种类型的创业者都可能导致企业的管理差距。

管理制度风险是指创业企业缺乏完善的管理制度,导致企业政令不畅,容易出现风险事件。创业企业需要建立完善的管理制度,以确保企业的正常运转和风险控制。

人力资源管理风险是指创业企业的人员配置不科学,激励机制不合理,工作作风不严谨等问题,导致企业内部消耗巨大、员工流失等问题,给企业带来损失。

营销管理的风险是指创业企业的营销策略不合理,营销人员的管理不到位,导致产品滞销,给企业带来损失。创业企业需要制定有效的营销策略,包括市场调研、产品定位、销售渠道选择等方面的措施,以确保产品能够顺利地进入市场,并获得市场认可。

财务风险是指创业企业的财务管理不规范,导致企业面临资金流动性风险、投资风险等问题。创业企业需要建立规范的财务管理制度,包括财务核算、资金管理、融资等方面的措施,以保证企业的财务安全和可持续发展。

(二)创业各个阶段风险的防范

1. 创业启动阶段风险来源及防范

(1)创业启动阶段风险来源

①仓促上阵。从创业过程来看,一家公司创建之初,除必须完成大

量的工作,还必须办理许多准备事项。在创业的早期阶段,面对很少客流量的时候,也要有必要的心理准备。否则,如果想在相对较短的时间内为公司带来利益和利润,这是不可能的,而且在这个时候很可能会失败。

②创业团队内讧。创业团队的内讧通常经历三个阶段:第一阶段是企业在看到任何利益之前,主要围绕股权进行;进入第二阶段,企业一旦取得进步,就开始争夺地位、权力和利润;到了第三阶段,当企业开始盈利并蓬勃发展时,开始卷入纠纷并进行殊死搏斗。最后,这家企业也灭亡了。

③市场分析不到位,资源缺乏。对创业机会的评估,发现创业想法没有足够的市场潜力,或者在创业前对市场的估计不正确,那么整个企业就会失败。还有一些创新产品虽然有用,由于价格昂贵,可能无法提供。事实上,一家公司在进行足够数量的购买之前不会有资金回报。因此,对企业家来说,充分估计最初的资本需求和资本回报时间很重要,这将有助于公司克服最初的困难。

④计划模糊。当一切都有计划时,它就会坚持下去,当没有计划时,就会放弃。机会总是青睐那些有准备的人。不正确或不明确的计划可能会给企业家带来困难,尤其是在关键步骤和环节不明确的情况下,失败也会在所难免。

(2)创业启动阶段风险防范

风险和回报是相互的,但高风险并不一定会带来高回报。要想降低创业初创阶段的风险,最大限度地提高创业的成功率,其核心是以人为本。

①严格筛选项目。创作者应尽量选择自己熟悉的行业,保持地理位置上的相对较近性,以便于沟通和联络。与此同时,根据不同的项目,在内外部环境的范围内,积极地进行信息收集、访谈和论证,并对其进行详细的评估,进行深入的投资可行性研究。

我们知道,在企业的初创阶段所要面临的技术和市场风险要远远高于其他创业阶段,因此作为创业者,应将创业项目的选择放在至关重要的位置上。

②有效保护商业机密。要想保护创造力本身是极其困难的,只能通过寻求一些有效的方法来保护创意的资本属性,确保创作者和以创意为基础的企业家的利益,并允许投资者做出有利于自己商业理念和技术含

量的适当股票安排。例如,版权保护。许多产品往往达不到专利申请标准,但它们是由企业或个人付出代价设计的。企业与员工除签订劳动合同外,还应签订保密协议和横向竞业限制协议;在企业投资研发之前,有必要明确知识产权的所有权。

③选择最合适的创业伙伴。选择最了解的人来创业,并清楚地了解他们的长处和短处。我们不会花太多精力去理解和适应彼此。许多企业家追求"清晰会计"的哲学,每个人都会因为鸡毛蒜皮的小事而怒火中烧,争吵不休,这并不是一件坏事。

创业伙伴不应将朋友关系与家庭关系混为一谈。如果是友情、婚姻关系等家庭关系,几乎宣告着创业团队走不远。

创业团队最好有一个权威人物,或者灵魂人物。当每个人都有不同的意见时,权威人物可以定下基调,防止每个人犹豫不决。公司和其他公司一样,经常在重大决策上存在分歧,错过公司的最佳发展机会。

④密切关注资金风险和技术风险。资本风险通常是创业初创阶段的"生命线"。首先,有必要仔细规划首次启动所需的融资或投资金额。其次,持续融资能力也是企业必须要考虑的。在企业的运营过程中,长期缺乏资金支持,很可能会使得整个项目流产,甚至导致企业面临倒闭的风险。通常我们将它称为企业的"最后一口气"。基于这一点,企业家应提前考虑融资方式,并在紧急情况下建立快速融资渠道。

⑤注重建设营销队伍。初创企业必须招聘既有营销技能又有技术知识的营销人才,建立最强大的营销团队,即必须拥有正确的营销理念和最佳的营销策略。此外,在引入期内,需要考虑产品是否能被消费者接受,以及如何降低流通成本和促销费用,从而减少损失,增加利润。

⑥采用迂回战术竞争。在创业的起步阶段,与他人竞争不应进行正面或阵地战,而应采取迂回战术,做别人不敢做的事,做别人不想做的事;要学会规避风险,我们应该加强对一些风险过高的方案的规避,避免不必要的风险。例如,所有创业活动都应在国家相关法律法规允许的范围内进行,并利用法律法规保护其合法经营;避免风险还需要拒绝与不可信的制造商进行商业交易,并立即果断地停止在启动阶段发现的问题。

第五章　大学生创业机会的把握

2. 创业成长阶段风险及防范

（1）成长阶段风险来源

①盲目冒进。当初创公司开始成形并取得小成功时，许多公司很容易被他们所创造的地区知名度所淹没，有时甚至觉得自己无所不能，不顾实际情况扩大业务并盲目地多元化发展，探索超出其能力范围的大市场。如果摊位太大，且对新业务了解不多，那么不可避免地会出现错误，侵蚀公司的利润，并不断扩大不相关的行业，往往导致资金链崩溃和破产。在取得巨大成功后，从这样的失败中可以吸取许多惨痛的教训。

②用心不专。一家生产啤酒的公司，觉得碳酸饮料能赚钱，于是开发碳酸饮料，后来改为生产柠檬茶。"一种果汁，另一种果汁"，这不是产品系列化，而是"一只熊折断了一根棍子，手里只剩下一根"。这从一个品牌变成了另一个品牌，失去了公司努力打造的品牌和形象，从而失去了最重要的核心竞争力。此外，在创业取得初步成功后，他们开始朝着多个行业同时发展的趋势发展。然而，无论是主辅行业，他们大多亏损更多，赚的钱更少。说起产业来如数家珍，其实都是"夹生饭"，赔钱交易。

③小富即安。人们常说：你以前在做什么，将来想做什么。如果在服装行业混了几年，想自己投资做点什么。在选择一个项目时，服装总是必不可少的。因为我们不仅知道服装可以赚钱，而且对市场相对更熟悉一些。此外，不知道从事什么行业。这是被旧职业束缚住的思想和双手。对他们来说，走出这个圈子可能会带来一个广阔的世界和巨大的成就。但有很多企业家无法走出这个圈子，在创业时，他们按照自己固有的模式和惯例经营，这总是会导致失败。

④家庭压力。在创业取得初步成功后，现阶段的企业家比以前更忙、更累，没有时间照顾家人。因此，家庭压力开始增加。在创业的快速发展阶段，企业家必须认真考虑和解决管理危机问题。

（2）成长阶段风险防范

①完善组织架构，规范公司章程。创业过程中创业者只能应对各种市场机会，但并不是有计划、有组织、有明确定位地开发和利用他们创造的未来机会。在对公司的组织结构进行设计时，企业家可以选择使用一些非常规技术，设立多个管理职位吸引员工，激励他们的积极性。

②建立风险责任机制,趋利避害。初创企业应该持续地对风险控制目标体系和风险报告制度进行改进,在风险责任机制中,可以明确出与之相对应的责任主体,让每一项风险管理工作都有与之相匹配的人才。

此外,还应学会减少和转移风险。对于不可避免的风险,应努力进行分解和转移。例如,尽可能多地外包高风险项目。对于高风险的投资或商业活动,可以将项目划分为许多小项目,然后将高风险但可接受的部分转包给他人,以分享利益和风险。

③网罗人才,完善激励机制。在创业取得初步成功后,企业家将重点放在未来更大的事业上,而员工现在更关注他们的既得利益。如果处理不当,企业家将被指责为"与他人休戚与共",并将承受巨大的情感压力。建立一套有效的激励机制,既能保护老员工的既得利益,又能吸引更多的新员工。

④发展核心竞争力。公司可持续发展的关键是保持竞争优势。创业公司必须选择、培养并不断发展其核心能力,以实现和保持竞争优势,这些资源组合的复杂性往往会使竞争对手难以模仿,从而使公司能够建立竞争优势,成功实现规模扩张。核心能力也被称为核心专业知识。为了培养和发展核心能力,公司必须找到自己的核心专业知识,然后在这一核心专业知识上与他人竞争。

第六章　大学生创业的商业模式

　　近年来,在各个国家创新创业政策的激励下,越来越多的企业投身于创业环境中,开启创业之路,一股创业热潮在世界范围内扬起。因此,创业成为世界各国经济发展的核心议题,许多国家将其视为降低失业率、促进社会进步的强动力。放眼国内,政府对新创企业大力扶持,将创业的作用放到至关重要的位置,激发大批企业家们的创业热情,促使企业注册数量大幅度提升。尤其是互联网时代的冲击,大批传统企业被推翻,不再拘泥于静态的均衡模式,如拼多多打造了"社交+电商"新模式,小红书的诞生颠覆了以往的生活分享方式,越来越多的企业不再囿于传统的商业模式,而是重新改进,借助已有的资源实现内生性增长,打造独特的成长方式。当前,我国正在进入经济发展新常态,创业创新是国家赢得未来的基础和关键,而商业领域的市场环境变幻莫测,商业模式创新作为企业最本源的创新,成为应对复杂环境而改变产业竞争格局的中坚力量。企业在初创期往往需要设计与推行新颖的商业模式以抗衡在位企业,商业模式创新能够帮助企业维系生存和获取市场有利条件,是企业成长道路上的主要枢纽。特别是,现在是信息化时代,老牌企业拥有坚不可摧的地位,新创企业若要打破现状,亟须进行商业模式创新以争取优势,从而应对日益数字化的商业环境。因此,在大学生创新创业素质教育中应重视商业模式的有关内容。

第一节 商业模式概述

一、商业模式的定义

商业模式自 21 世纪以来，吸引了学术界和实践界的关注，尤其是如今的大数据时代，引发了学界与业界对商业模式问题的深思。商业模式类似于一种商业机遇，刻画了企业为了商业契机设计新的价值结构、交易方式和管理体系。商业模式（Business Model Innovation，简称 BMI）被认为是超越行业边界，各个要素互相依靠的价值体系；还认为是价值获取和收益模式的架构。相关研究指出，商业模式是创造利润流的活动，能够通过技术变革满足消费者的需求，吸引消费者的注意，从而连续缔造经济价值。

商业模式是一个公司满足消费者需求的系统，它组织和管理公司的各种资源。因此，它具有能够复制自己而不被他人复制的特性，在复制市场上占据主导地位。

魏江从价值的角度将商业模式描述成由价值主张、价值创造和价值获取等一系列活动连接而成的架构。李丰总结了商业模式的整体架构，主要价值主张、价值架构和功能架构三个层面。其中价值主张细分为产品提供、目标市场细分和收入模式。价值架构包括价值感知、价值创造、价值分配和价值获取。功能架构包括产品创新及商业化、生产和分销的基础设施和客户关系管理。

二、商业模式构建要素

商业模式要素是形成各种商业模式的基础。国外学者亚历山大·奥斯特瓦德（Alexander Osterwalder）和伊夫·皮尼厄（Yves Pigneur）较为全面地归纳了商业模式的要素，提出了商业模式的九大要素，对商业的全过程进行了系统分析，涵盖了所有的商业行为。本书基于商业模式的九大要素,并根据大学生创业的现状和问题,将学生创业商业模式的要素分为四个模块:价值发现、价值转移、价值实现和价值维护,具体组成见图6-1。

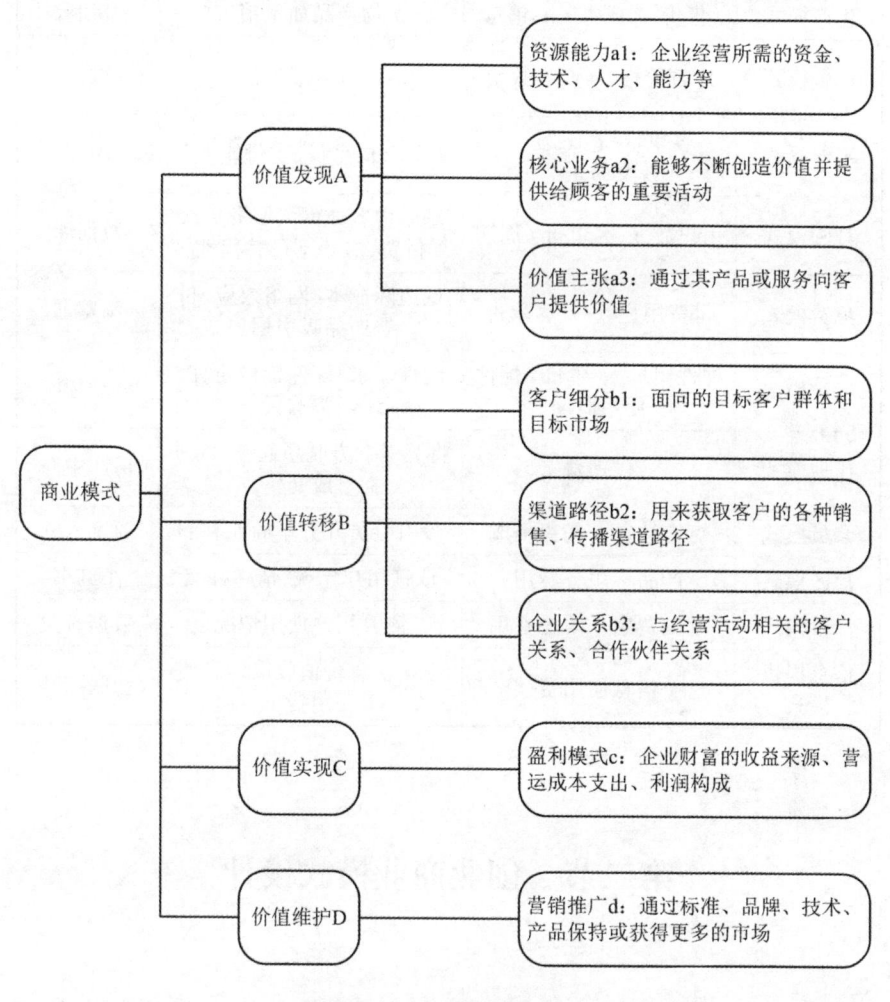

```
商业模式
├── 价值发现A
│   ├── 资源能力a1:企业经营所需的资金、技术、人才、能力等
│   ├── 核心业务a2:能够不断创造价值并提供给顾客的重要活动
│   └── 价值主张a3:通过其产品或服务向客户提供价值
├── 价值转移B
│   ├── 客户细分b1:面向的目标客户群体和目标市场
│   ├── 渠道路径b2:用来获取客户的各种销售、传播渠道路径
│   └── 企业关系b3:与经营活动相关的客户关系、合作伙伴关系
├── 价值实现C
│   └── 盈利模式c:企业财富的收益来源、营运成本支出、利润构成
└── 价值维护D
    └── 营销推广d:通过标准、品牌、技术、产品保持或获得更多的市场
```

图6-1 商业模式构建要素

三、商业模式的类型

对商业模式进行分类有助于推动商业模式的后续发展,令商业模式的研究工作朝着精准、严谨的方向发展。基于不同形式的互联网思维和企业价值观,我们总结了11种商业模式,详见表6-1。

表 6-1　商业模式类型

商业模式类型	利润模式	成本描述	企业举例
生产模式	（售价 − 成本）× 销量	实物产品加工销售	伊利
广告模式	广告价格 × 广告数量	广告区域价值	微博
平台模式	客单价 × 比例 × 交易量	平台信息量、支付能力	淘宝
订阅模式	用户数 × 客单价 / 周期	基于内容或网络服务单次付费、服务不可替代性	数据库
免费模式	付费用户数 × 客单价	低边际成本、网络效应、付费产品吸引用户	浏览器
诱饵模式	配件销量 × 单价 / 配件使用周期	刚性需求、配件价格便宜、经常购买	电动牙刷
代理模式	代理费	将买卖双方联系起来、促进成交	房产中介
会员模式	点击计费 + 销售提成	吸引会员并分享商业利润	商家入驻
社区模式	产品 + 服务费用	依赖用户忠诚、情感社交	小红书
计量模式	基础费用 + 阶梯费用	测算用户使用情况	数据流量
信息提供模式	信息使用费	根据信息价值收取信息使用费	智联招聘

第二节　创业商业模式设计

对于创业者来说，要想利用有可行性的技术创意开展创业，必须要为其设计一种能够落地的、有一定竞争优势的商业模式。不少学者对商业模式的设计都形成了自己的观点和体系，通过分析发现，Osterwalder（亚历山大·奥斯特瓦德）和 Pigneur（伊夫·皮尼厄）的著作《商业模式新生代》中对商业模式的研究较为简洁且有较强的应用性，其中提到了商业模式的 9 个构造块，在设计时应注意以下问题。

第六章 大学生创业的商业模式

```
构造块1：客户细分
我们正在为谁创造价值？
谁是我们最重要的客户？

构造块2：价值主张
我们该向客户传递什么样的价值？
我们正在帮助我们的客户解决哪类难题？
我们正在满足哪些客户需求？
我们正在提供给客户细分群体哪些系列的产品和服务？

构造块3：渠道通路
通过哪些渠道可以接触我们的客户细分群体？
我们现在如何接触他们？我们的渠道如何整合？
哪些渠道最有效？哪些渠道成本效益最好？
如何把我们的渠道与客户的例行程序进行整合？

构造块4：客户关系
每个客户细分群体希望我们与之建立和保持何种关系？
哪些关系我们已经建立了？
这些关系成本如何？
如何把它们与商业模式的其余部分进行整合？

构造块5：收入来源
什么样的价值能让客户愿意付费？
他们现在付费买什么？他们是如何支付费用的？
他们更愿意如何支付费用？
每个收入来源占总收入的比例是多少？

构造块6：核心资源
我们的价值主张需要什么样的核心资源？
我们的渠道通路需要什么样的核心资源？

构造块7：关键业务
我们的价值主张需要什么样的关键业务？
我们的渠道通路需要什么样的关键业务？

构造块8：关键合作
谁是我们的重要伙伴？谁是我们的重要供应商？
我们正在从伙伴那里获得哪些核心资源？
合作伙伴都执行哪些关键业务？

构造块9：成本结构
什么是我们商业模式中最重要的固有成本？
哪些核心资源花费最多？
哪些关键业务花费最多？
```

图 6-2　商业模式的 9 个构造块

　　进行创业商业模式的设计过程中，对于以上全部问题不要求全部考虑，不过，有几方面的问题通常是必须加以分析的，具体包括顾客价值、渠道通路、顾客关系、收入及成本结构等。例如，在现代生活中分布较为广泛的快捷酒店，不论是一线城市还是其他二、三线城市，在街道上都能看到它的身影，而多年前并没有这么普遍，人们只能选择星级酒店或是经济旅馆。这两者并没有本质上的不同，只是经济旅馆的软硬件与星级酒店相比有很大的差距。20世纪90年代，法国的雅高酒店集团的酒店品牌——一级方程式酒店，本身的定位就是经济旅馆。为了提高该品牌的竞争力，公司专门全面深入地研究了这些酒店的经营状况，重点考查的问题之一就是人们会因为哪些因素而选择经济旅馆。经过调查得出，它通常包括以下因素：饮食、建筑、大堂、房间大小、服务水平、房间舒适度、床质量、卫生、房间安静度和价格，当人们选择星级酒店时，这些因素也很重要，但最终选择经济旅馆的人们主要考虑的还是安静的睡眠环境和价格。在这种情况下，人们对其余因素的要求就没有那么强烈，因此，经营者不用在各个方面都花费大量的资金进行建设。采用这样的经营思路后，一级方程式酒店进行了翻新，房间更小，员工更少，酒店大堂和早餐已取消，同时房间里的床更大，床垫也更舒适……顾客不太注重的方面减少投入，顾客注重的方面增加投入，使总成本得到了控制，顾客只需支付差不多一星酒店的价格就可以享受两星以上酒店的服务，给酒店带来了更多的客源。采用这种商业模式不仅使一级方程式酒店的经营状况得到了极大的改善,而且改变了人们对酒店的普遍看法,快捷酒店这一模式在酒店行业中迅速地发展起来。最近这些年来,快捷酒店的发展趋势表现为连锁化,建立自我品牌,由企业集中采购各种物资,并尽量压缩成本、提升服务质量。

第三节　商业模式的特征与创新

一、商业模式的特征

(一)实现客户价值最大化

一个企业进行生产经营活动的最终目标是实现利润最大化,若从商业模式的角度来看,企业进行生产经营活动的主要目标是实现客户价值最大化。对于任何一种商业模式,其中会产生较大影响的因素之一就是客户,实现客户价值的程度直接影响着企业的发展。同样,商业模式的营收状况,与其是否可以实现客户价值最大化有着密不可分的关系。如果商业模式不能实现客户价值,那么即使其现在有盈利,也只是暂时的、偶然性的,不会一直持续下去。与之相反的是,如果商业模式可以实现客户价值最大化,那么即使其现在没有盈利,继续运营下去也势必会盈利。因此,实现客户价值最大化是商业模式的一大特征。

具体来看,"客户价值最大化"主要包括以下内涵:

(1)客户指的是消费者、股东、合作伙伴、员工和社会,而消费者是主要参与者,实现消费者的价值是实现其他客户价值的前提。

(2)明晰具体的消费群体,并可以通过调查等方式确定消费者真正的需求。

(3)努力满足客户需求,让客户从增值服务中受益。

(4)客户包括能够创造价值的外部和内部员工。供应链中的后续客户是上游客户,满足下游需求是上游工作的方向。

第六章　大学生创业的商业模式

(二)追求可持续发展

商业模式的可持续发展具体指的是以下内容。

第一,持续发展指的是商业模式可以让企业实现持续盈利。企业的经营管理方式是否能得到质的提升,从而发展为一种商业模式,主要依靠的是它持续的盈利能力。如果企业采用的经营管理方式可以持续地创造利润,那么随着企业规模的不断扩大,其内部的组织结构和经营管理会被其他企业争相借鉴,进而形成一种商业模式。研究人员经常通过企业是不是可以持续盈利来评判其采用的商业模式的效果。这为商业模式的设计提供了一个很重要的考虑因素,即是否盈利和怎样保持持续盈利。持续盈利对商业模式提出了两点要求,其一是可以为企业带来利润,达到盈利的目的;其二是能够保持发展劲头,持续进行下去,并不是一段时间内的盈利。

第二,持续发展指的是商业模式的持续创新。在企业正常经营期间,商业模式是企业能够得以运行的前提条件,应将选择合适的商业模式放在重要的战略位置上。商业模式具有持续盈利的效果,其主要原因是企业在该模式下可以进行持续创新。成熟的商业模式能够依靠持续创新取得持续的竞争优势。创新的具体内涵包括技术革新,还包括生产环节的改造,或对之前的商业模式的改变。在企业经营的所有过程中都可以进行产业模式的创新,如企业资源开发、研发模式、制造方式、营销体系、市场等各个环节,对这些环节的创新都有机会发展为成功的商业模式。

(三)系统化组织

商业模式是一种系统化的组织,它描述并简化了公司的真实情况,旨在创造和实现其价值主张,特别关注企业生产和管理的各个方面。

(四)资源整合

一个成功的商业模式能够实现资源整合,对资源进行合理分配,使整体获得最优价值。

从战略思维方面来看,资源整合属于系统论的一种思维方式,利用组织协调的方式对企业内部和外部的资源进行整合,具体包括,企业内部将有一定相关性但却彼此独立的职能整合起来,企业外部将参与企业发展的且有各自独立经济利益的合作伙伴整合起来,成为一个服务于客户的系统。

从战术选择方面来看,资源整合是对配置加以优化的决策,综合考虑企业的发展布局和市场需求来重新配置一系列的资源,充分发挥出企业的核心竞争力,使资源配置和客户需求能够平衡发展,最终依靠一系列制度措施和管理协调方式使企业在市场上占据更强的竞争力,同时保证客户服务水平处在较高的层次。

(五)高效率的组织管理

对于任何一家企业来说,高效率的管理模式都是其最希望达到的管理效果。成功的商业模式除了具有以上几种特征外,还有助于企业进行高效率的组织管理。根据现代管理学理论可知,企业为了实现高效率的管理,应从以下几方面着手。

第一,确立企业愿景、使命和核心价值,为企业的生存、发展提供动力。

第二,建立科学、可行的生产、运营和管理体系。

第三,使用科学合理的激励方案,让员工能够体会企业取得成果带来的成就感,增强员工的积极性。

一个成功的商业模式能够很好地兼顾以上几方面,进而提高组织管理的效率。

二、商业模式创新的内涵

所谓商业模式创新,是基于商业模式的概念及内涵,延伸出各具特色的价值。Markides(马凯兹)认为,BMI即为在企业经营发展过程中颠覆以往的运营模式;Chesbrough(切萨布鲁夫)指出,BMI是企业从低层次的运营逻辑递升至高水平的模式;Lindgardt(琳达·格拉顿)等认为,BMI中若有两个或两个以上的要素发生变化,选择以全新的方式创造价值,产业内的创新就被看作是商业模式创新;Siachou(赛昂)等

第六章 大学生创业的商业模式

将 BMI 描述为基于市场变化及消费者需求构建新颖的业务类型,以此吸引新老客户的注意,从而形成顾客高度重视的产业链;Gaisdoerfer(盖森多夫)等将 BMI 界定为企业由一种商业模式多样化地影响组织内部的战略布局,引起企业开发与创建另一种别出机杼的商业模式。

随着数字时代的蓬勃发展,仅依靠传统的商业模式赢得竞争优势的局面已经不复存在。因此,商业模式创新逐步成为学者们研究的主要议题,而不同研究领域的学者对其内在含义有不同的见解。

Zott(卓德)和 Amit(艾米特)从组织管理视角出发,认为商业模式创新是重新构造新运营体系的过程,在这个过程中会对现有资源和利益相关者进行重新调整。类似地,Massa(玛萨)等也表示商业模式创新实际上是企业运营过程中各元素变化的一种表现形式。

部分学者从技术创新视角出发,认为商业模式创新中的"创新"源自新思想或者新市场规则。Chesbrough(切萨布鲁夫)等认为商业模式创新是一套带有启发式意义的核心逻辑,这套逻辑的重心是把技术创新与商业性应用进行商业结合,从而激发技术创新中可能存在的潜在经济价值。吴晓波和赵子溢也表示技术创新与商业模式创新应该是相互协同和相互促进的关系。

还有部分学者从战略视角出发,认为商业模式创新的过程实际上是组织变革的过程。Maekides(马凯兹)表示商业模式创新代表了一种颠覆性的战略变革行为,试图利用重塑顾客需求、更新交付手段或者开发新产品的方式来改变现有的行业假设以及颠覆已有的市场规则。而 Bock 等研究者认为商业模式创新不同于产品创新、流程创新等基础业务层面的创新,其代表的是战略层面的一种激进式组织变革行为。

价值创造视角是基于顾客和消费者的角度解读商业模式创新。项国鹏等表示商业模式创新是一种需要匹配顾客潜在需求的创新,企业在深度发掘顾客价值的过程中设计具有竞争优势的创新系统。另外,肖红军和阳镇从可持续商业模式创新的回顾中发现,数字时代下的商业模式创新不再局限于顾客价值创造的传统型商业模式,而是将研究视角从关注顾客单一主体衍生到关注包括供应商、内部员工、政府、自然环境等多元主体的价值诉求上。部分学者还表示,与成熟公司相比,新创业公司商业模式的创新不同于改变创造价值的基本逻辑。在面对外在环境变化时,受到现有商业模式的路径依赖的影响,成熟公司商业模式的转变通常是基于原有的价值创造逻辑进行的。但对于新创企业来说,不完全是商业模式的调整,更倾向于提出新的价值主张和价值创造,是从 0 到 1 的创新设计过程。

从现有的研究成果来看,对商业模式创新内在定义的理解取决于研究者的学科背景和研究视角。本书从自身要素视角界定商业模式创新,具体表现为运用商业模式企业可以引入新的商业逻辑、塑造新的价值架构,帮助企业获取价值的系统性和整体性创新,即为完整的、整体的商业模式创新。

三、商业模式创新的模式

商业模式创新是对企业的经营方法加以变革。具体来说,主要包括以下几种模式。

(一)改变收入模式

改变收入模式指的是改变企业的用户价值定位以及对应的利润计算方式或收入模型。采用这一模式时,企业应专注于寻找固定用户群体的新需求,不是常规意义上的寻找用户新需求,而是运用更加全面的视角来定义用户的真实需求,简单来说,就是真正地弄清楚用户购买产品是为了进行哪些工作或达到什么目标。用户真正需要的是实现特定的工作内容,而不是特定的产品,要采取相应的解决方案。当制订出明确的解决方案后,也就实现了对用户价值的新的定位,进而开展后续的商业模式创新。

以国际知名电钻企业喜利得(Hilti)公司为例,该公司过去都是以向建筑行业出售高端工业电钻为盈利方式,不过,随着全球经济的飞速发展,仅靠出售电钻并不能获得可观的利润。因此,该公司通过进行相关调查研究发现,客户真正需要的并不是电钻本身,而是对电钻的有效使用。该公司立刻改变了对用户价值的定位,在此基础上改变了过去的商业模式,由硬件制造商转型为服务提供商,并对盈利模式做出了调整。

(二)改变企业模式

改变企业模式指的是改变企业在具体的产业链条中所处的位置以

及负责的具体工作,具体来说,就是对价值定义中"制造"和"购买"的占比进行调整,一部分通过该企业自己制造,其余部分从合作者那里获取。其具体的实现方式主要是利用垂直整合策略或出售、外包。

以谷歌为例,其意识到大众获取信息的方式已经发生了很大的变化,从桌面平台到移动平台,旧的商业优势正在逐渐消失,因此谷歌采取了垂直整合战略,收购了摩托罗拉手机和安卓移动平台操作系统,转向移动平台,其企业模式发生了转变。

(三)改变产业模式

改变产业模式是一种颠覆性较强的商业模式创新,需要企业对所涉及的产业进行重新定义后,转到新的领域或创建新的行业。例如,在亚马逊,商业模式创新包括进入生产链的后端,为各种商业用户提供商业基础设施服务,包括物流和信息技术管理,提供20个全球货运中心,并在云计算方面投入大量资金和人力资源,已经发展为提供相关平台、软件和服务的领先企业。

(四)改变技术模式

企业可以通过引入高新技术来驱动自身的商业模式创新,在互联网刚进入大众视野的年代,一些企业通过互联网开始了商业模式创新。从当下的信息技术发展来看,云计算可以说是最具潜力的一项技术,它可以创造许多新的用户价值,进而使企业商业模式创新有了新的发展方向。

总体来看,不管使用哪种模式进行商业模式创新,都要求大学生创业者能够深入全面地认识采用的经营方式、用户需求、产业特征及宏观技术环境等因素。

第七章　大学生创业计划

创业的关键在于行动：有了好的创业想法就要付诸行动，去实现自己的想法。在创业之前首先要做的就是撰写创业计划书。本章主要就如何撰写创业计划书以及如何展示创业计划书展开叙述。

第一节　创业计划概述

一、创业计划书的概念

创业计划书也叫商业计划书，是指创业者认为某一项产品或者服务前景广阔，如果运作得当，能创造出巨大的社会价值或经济价值，由此产生了创业的想法，在成立公司之前，创业者将产品或服务的市场发展前景、能产生的价值等创办一个公司所有的内外部要素进行描述，向潜在投资者、风险投资公司、合作伙伴等进行游说，以获得合作支持或风险投资的可行性商业报告。一份完整的创业计划书不仅要包括各项职能，如具体的营销计划、生产与销售计划、财务计划、组织人事计划、融资计划等，还要包含短期要实现的目标，以及中长期要达到的目标与高度。

创业计划书的编写不是一项简单的工作，而是一项系统性工程，在编写之前，首先要对产品或服务所属行业的市场前景、发展现状与未来发展趋势进行调查、分析、评估，给自己的产品或服务定好位，然后制定发展战略，在此基础上，按照相对标准的文本格式进行撰写，整体逻辑框架要清晰，总结起来就是创业计划书要回答好5个问题：(1)我是谁？包括是否有团队，团队的具体组成，项目的理念。(2)我要做什么？包

第七章 大学生创业计划

括项目的核心任务是什么,以及解决了什么样的痛点。(3)我要怎样做?包括具体的行业模式是什么、具体盈利模式是什么、预计什么时候可以实现盈利。(4)我需要什么?包括需要多少投资、可以给投资者让出多少股份。(5)我能做到什么?包括市场环境分析与预测、项目核心竞争力。在此基础上,好的版面设计、较强的文字功底可以起到锦上添花的作用。有了一份完整的创业计划,就如同有了一张商业发展的方向指示图,可以随时提示创业者要注意哪些问题,要规避哪些风险,从而最大程度地为创业者提供外部帮助。

二、创业计划书的作用

标准的创业计划书是一个重要的存在,可以在以下几方面起到关键的作用。

(一)有助于创业者对自身进行评价,理清思路

企业在开始融资之前,创业计划书的主要阅读对象是创业者自己。创业不是"过家家",要把自己拥有的及可调动的一切资源,已知的市场状况,最初的竞争策略,都要进行详细的研究,然后拿出一份初步的实施方案,把自己的想法记录下来,形成创业计划书。此外,创业计划书也是企业筹措资本、进行风险评估的必要手段。对于一个刚起步的、有风险的公司,创业计划书的重要性不言而喻。一个将要实施的项目,通常是比较模棱两可的,可以编写一份创业计划书,将其正面和负面的原因都写出来,并一条一条地进行分析,这样可以让创业者对这个项目有一个更清楚的了解。

(二)帮助创业者凝聚人心,有效管理

通过对新创企业的发展前景和成长潜力进行描述,创业计划书让管理层和员工对企业及个人的未来有更多的信心,了解公司的整体体系架构、组织结构,以及短期、中长期的发展战略与目标,从而让每个人都知道自己是否为企业需要的人员,自己的能力是否能够胜任某个职位,以及个人的发展空间与上升渠道,可以说,创业计划书可以吸引所需的人

力资源,凝聚人心。

(三)帮助创业者对外宣传,获得融资

一份完美的创业计划不但可以提振创业者自己的士气,也会让风险投资者、合作伙伴、员工、供应商、分销商对创业者更有信心。这种信心,就是创业成功的基础,企业发展壮大的基石。

第二节 撰写创业计划书

创业计划书的推销对象有两个,一是创业者自己,向自己推销自己计划创办的企业,说服自己是否可行;二是风险投资者,目的是拉投资。

所以,在一份创业计划书中,可能做不到面面俱到,但下面的内容一定要写得很清楚。

第一,创业的目的,为何要冒险?为何要花费精力、时间、资源、资金来创业?

第二,打算投入多少启动资金?需要这么多资金都打算做哪些项目?投资者为什么要注资,需要投入多少资金,能得到多少股权?对于已经成立的风险企业而言,创业计划书能够为公司的发展制定出一个相对具体的方向和重点,让员工能够更好地理解公司的经营目标,并激励他们朝着一个共同的目标去努力。更重要的是,它能够让投资者以及供应商、销售商等对企业的运作情况和运作目标有一个清晰的认识,从而能够劝说投资者(原来的或者新的投资者)为公司新产品的研发或者规模的扩大等进一步发展注资。

正因如此,创业者需要高度重视创业计划书。那么,怎样才能撰写出一份相对完美的创业计划书呢?

第七章 大学生创业计划

一、创业计划书的准备

没有给予投资人足够想要了解的信息,也没有让投资人兴奋、感兴趣的创业计划书,只会被束之高阁。要保证一份创业计划书能够顺利"拿下目标",创业者需要在前期的准备工作中做好如下的工作。

(一)关注产品

一份创业计划书应该包含企业所做的一切与其产品和服务相关的详细信息,其中应该包含企业所做的全部调研,并要重点解答以下问题:企业的产品目前处在哪个发展阶段?有什么特色?采取什么样的营销战略与策略?产品的定位及目标消费群体为何?产品的预计生产成本是多少,售价定位在哪个区间?企业有没有研发新产品的能力,预计多长时间研发一款新产品?把出资者拉到企业的产品或服务中来,使出资者能够像创业者那样对产品感兴趣。在创业计划书中,创业者应该尽可能将一切都写得简洁,因为尽管创业者对产品或服务的特性都很清楚,但是别人未必知道他们的意思。写一份创业计划,不但要让投资人相信,企业的产品将给全球带来变革,而且要让投资人相信,企业有能力完成预定的目标。

(二)敢于竞争

在创业计划书中,创业者要对竞争者的情况进行详细的分析。如竞争对手有哪些?每个竞争者的规模有多大?他们的产品优势有哪些?他们的目标群体是哪些?他们在市场中的分布如何?他们采用哪种营销策略?要对每一个竞争者在市场中占有的份额、大概的销售额、毛利润、净利润进行分析,然后将自己的产品和企业与竞争者的进行对比,突出自己的特色,体现出自己的核心竞争力,如消费者对本企业的产品更青睐的原因是产品质量过硬、性价比高、售后服务好,等等。创业计划书要让潜在的投资人相信该企业不但在该领域内是一个强大的竞争对手,在未来也将成为制定该领域标准的领先者。在创业计划中,也要清楚地说明竞争对手可能会给本企业带来的风险以及本企业针对这些潜在的风险制定了哪些防范对策。

（三）了解市场

创业计划书要让投资人看到创业者对市场进行过充分的调研与分析，包括经营环境（政策环境、法律环境、行业环境、宏观经济状况），市场需求（需求预测分析、需求发展趋势与前景），以及这些因素对消费者购买本企业产品的影响以及各自的影响力具体有多大。营销计划也是创业计划书中必不可少的，应列出本企业计划营销的形式、方式、平台、区域，等等，每一项营销活动的预算和预期产生的收益。在创业计划书中，也应该简要介绍企业的销售战略。另外，关于销售的相关细节问题也要在创业计划书中有所体现。

（四）表明行动的方针

一家企业的行动计划应完美无缺。在一份创业计划中，必须清楚地说明以下几个问题：一家企业怎样将自己的产品投放到市场？生产线是怎样设计的？产品是怎样装配的？产品的生产所需的原材料是什么？企业有什么生产资源？生产成本是多少？设备成本又是多少？生产线的设备是购买还是租赁？产品组装成本是多少？产品的储存与运输的固定成本与变动成本又是多少？

（五）展示管理队伍

将创业理念转变为创业公司的关键在于拥有一支强大的管理团队。该团队的成员应具有很强的专业知识，很强的管理能力，丰富的工作经验。管理者的职能是计划、组织、控制并指导公司达到他们所要达到的目标。在创业计划书中，应该对整个管理团队以及他们的职责进行明确，之后再分别介绍每一位管理人员的特殊才能、特点和成就，详细说明每一位管理者能够为公司创造的价值。管理目标与组织架构也应该在创业计划书中阐述清楚。

（六）出色的计划摘要

在创业计划书中，计划摘要的作用不容忽视。它的作用是激起读者的兴趣，让读者认为有必要往下了解整个项目。在撰写创业计划书的时候，创业者要将创业计划摘要放在最后写，而潜在的合作者、投资者拿到创业计划书之后，首先看到的就是创业计划摘要，可以从中了解到企业目前的生产能力、运行情况、风险防范能力、产品或服务特色、组织结构、财务状况等。如果把企业比作一本书，那么创作计划书的计划摘要就是这本书的封面，它如果足够有吸引力，投资者就会有兴趣与意向投资。

二、创业计划书的内容

创业计划书主要包括：计划摘要、企业介绍、产品介绍、市场机会和营销策略、生产运营、人员及组织结构、风险管理、财务分析、三年发展规划、附录等。具体如图7-1与图7-2所示。

图 7-1 创业计划书的内容

- 创业计划书的内容
  - 计划摘要
    - 公司介绍
    - 主要产品和业务范围
    - 市场概貌
    - 营销策略
    - 销售计划
    - 生产管理计划
    - 管理者及管理组织
    - 财务计划
    - 资金需求状况
    - ……
  - 企业介绍
    - 创办新企业的思路及企业的目标和发展战略
    - 企业所处的行业，企业的性质和经营范围
    - 创业者自己的背景、经历、经验和特长等
    - 企业主要产品的介绍
    - 企业的目标市场，企业的顾客群及其需求
    - 企业的合伙人、投资人
    - 企业的竞争对手，竞争对手对企业发展的影响
  - 产品介绍
    - 产品的概念、性能及特性
    - 主要产品介绍
    - 产品的市场竞争力
    - 产品的研究和开发过程
    - 发展新产品的计划和成本分析
    - 产品的市场前景预测
    - 产品的品牌和专利
  - 市场机会和营销策略
    - 市场机会
      - 产品或服务所面对的市场及竞争者的情况
      - 细分市场，给出最适合自己的市场定位
    - 营销策略
      - 产品
      - 价格
      - 渠道
      - 促销手段
  - 生产运营
    - 企业的生产策略
    - 厂址的选择
    - 生产计划制订的依据
    - 生产运作管理
  - 人员及组织结构
    - 公司的组织机构图
    - 各部门的功能与责任
    - 各部门的负责人及主要成员
    - 公司的报酬体系
    - 公司的股东名单：认股权、比例和特权
    - 公司的董事会成员及各位董事的背景资料
  - 风险管理
    - 环境风险
    - 市场风险
    - 管理风险
    - 财务风险
    - 技术风险
    - 生产风险
  - 财务分析
    - 初期资金
    - 股本结构（创业团队和风险投资各占多少比例）
    - 前两年预计的销售量、销售收入、净利润、销售毛利和权益资本报酬率等
    - 项目的动态回收期、财务净现值和修正的内部收益率等
  - 三年发展规划
  - 附录

图 7-1 创业计划书的内容

```
                    ┌ 营业执照副本
                    │ 重要董事会名单及简历
                    │ 公司章程
              ┌ 附件┤ 产品说明书
              │     │ 市场调查结果
              │     │ 专利证书
              │     │ 鉴定报告
              │     └ 注册商标
              │     ┌ 组织架构图
              │     │ 工艺流程图
        附录 ─┤ 附图┤ 产品展示图
              │     │ 产品销售预测图
              │     └ 项目选址图
              │     ┌ 主要产品目录
              │     │ 主要客户名单
              │     │ 主要供应商和经销商名单
              │     │ 主要设备清单
              └ 附表┤ 市场调查表
                    │ 现金流预测表
                    │ 资产负债预测表
                    └ 损益预测表
```

图 7-2　创作计划书附录的内容

第三节　创业计划书的展示

一、创业计划书展示前的准备

要想让自己的创业计划书有足够的吸引力，那么创业计划书的展示就显得非常关键了。许多创业者都是实干家，他们专业技术水平高超，踏实肯干，但是他们往往不善于沟通，不善于向他人展示自己。沟通的本质在于思想传递，如果创业者与投资者之间不能进行有效的沟通，那么创业者很难获得投资者提供的资金。

要想成功而又顺利地完成创业计划书的展示工作，我们需要做好两个工作：一是要做好展示前的准备工作；二是要掌握并熟练运用演讲技巧。

在展示之前，首先，要对路演的性质有一个清晰的了解，要对听众的情况、主办方以及主要的参与者的情况都有一个清晰的了解,尽量多地搜集听众的信息,比如,要对投资人、评委的姓名和背景情况有一个了解,这样在演讲的时候就可以建立起关联关系。第二,在演讲过程中,要对演讲和提问的时间进行严格、合理的分配。第三,穿着打扮(个人和团队)。正常情况下,穿着正式,团队穿着有自己公司标志的服装,并准备好自己的名片。第四,要反复排练,事先对场地进行熟悉,例如有没有投影仪、麦克风等设施,这样才能有一个好的演讲方式。

演讲技巧要求事先熟悉。首先,要处理的问题就是由谁来做这件事,挑选一个有能力的人来做这件事,但也要考虑到大家对这个项目的了解,让大家都能更好地参与进来。其次,充分运用幻灯片来描述,但是,幻灯片只是起到辅助作用,关键是创作者及其团队,所以,幻灯片不一定要做得很细致,但是一定要有一个大概的轮廓;幻灯片的制作要简洁,可以采用6—6—6原则,即每行不超过6个词语,每页不超过6行,6张纯文字幻灯片后要有一个视觉停顿(图、表),不要过于花哨。一次20～30分钟的演讲使用的张幻灯片最好不要超过12张。最后,在演讲中要表现得生动、有趣、富有激情,要介绍自己的个人经历或者是奇闻趣事,要保持幽默风趣,用手势和慷慨激昂的语气来展现自己的热情,并邀请观众适当地参与进来,还可以展示自己的产品的样品等。应该注意到,陈述的内容并不必然和计划完全吻合。

二、创业计划书展示案例

对创业计划书进行展示的过程中,展示顺序可以不严格按照计划书的顺序进行,但是要注意各部分的逻辑关系,一环扣一环,这样才能让投资人能够仔细倾听。以下是一个创业计划书的展示范例,以供创业者参考。

1. 标题

- 公司名称、副标题、公司符号等
- 创始人或团队名称
- 联系方式
- 日期

第七章　大学生创业计划

2. 第一部分 概述

概　述
• 公司及产品或服务的简要介绍 • 展示目录

3. 第二部分 问题（为什么 Why）

问　题
• 痛点、痒点、兴奋点 　• 某种可以帕累托改进的经济现象 　• 某些亟待解决的问题 • 问题的严重性 　• 造成浪费 　• 成本较高（社会成本、个人或企业成本） 　• 客户的不方便 • 现有解决方案的不足

4. 第三部分 解决方案（是什么 What）

解决办法
• 阐述公司提供的解决方案 　• 产品、服务、技术、平台或者资源 • 与其他企业相比，提供的解决方案的优势有哪些 　• 产品或服务的独特性 　• 技术的先进性 　• 其他优势 　• 为顾客带来的福利改善 　• 所拥有的知识产权

5. 第四部分 市场分析(为了谁 Whom)

```
市场需求分析
• 阐述创业项目的目标市场
   • 行业背景、商业环境、市场规模
   • 客户细分、目标市场
   • 公司预期市场份额及变化
   • 市场分析的相关数据整理（图表直观展示）
• 市场竞争者分析
   • 直接、间接的竞争者以及潜在竞争者
   • 对竞争者进行分析
   • 竞争优势及策略
   • 退出策略
• 创业项目的可商业化阐述
   • 可行性、盈利性、持续性
   • 商业模式阐述（商业画布）
```

6. 第五部分 营销策略(怎么做 How)

```
市场营销策略
• 阐述公司的市场营销策略
   • 定价策略
   • 业务开展区域
   • 如何促销
   • 营销渠道
• 产业链定位
   • 业务的产业链定位（研发、生产、批发、零售、代工等）
   • 供应链管理
• 营销方面已有的优势资源
   • 原材料优势
   • 渠道优势
   • 平台优势
   • 客户积累
```

第七章 大学生创业计划

7. 第六部分 创业团队（谁去做 Who）

> 创业团队
>
> - 团队介绍
>   - 创始人
>   - 合伙人
>   - 管理团队
>   - 顾问
>   - 企业员工
> - 现有团队成员专业优势及分工
>   - 个人背景与专业
>   - 个人优势对公司的促进作用
>   - 团队分工合作
> - 人才引进计划

8. 第七部分 财务现状及预测（资金是如何流转的）

> 财务分析
>
> - 已投资资金
>   - 固定资产、流动资产
>   - 出资比例
>   - 已投入资金来源
> - 预测未来资金流动
>   - 收入成本预测（利润计划）
>   - 现金流量及预测

第八章　大学生创业的融资

创业不是一件容易的事,在这个过程中,一个人会遇到一系列的挑战和困难。通常,投资者只会在非常信任和有信心的情况下将资金投资于项目。由于各种不确定因素和缺乏经验,大学生的创业项目融资将更加困难。当资金短缺时,应以最低成本筹集适当期限和金额的资金;当资金出现盈余时,应以最低的风险和适当的期限进行投资,以实现最大的回报,从而实现资金供需平衡。只有充分认识高校学生融资难的原因,才能解决这一困境。

第一节　创业融资的内涵

创业融资是创业企业在创新经营过程中及时有效地获得必要资金的过程。大多数公司在创业初期需要筹集资金,主要是基于资本投资、启动资金、现金流和较长的产品开发期的考虑。在企业家获得融资和开发商业机会之前,无法准确地了解上述信息。如果企业家没有专利技术或成功创业的长期记录(大多数新企业都没有),投资者将不得不在几乎没有可靠依据的基础上做出投资决策,从而导致高风险。当企业家的新业务被证明毫无价值时,投资者希望企业家能够全额偿还融资,以减少预期损失。很明显,如果新业务失败,企业家将发现很难偿还投资者为新业务投资的资金。这也导致了小企业创业融资的实际困难,如银行贷款不到位、家庭支持有限、难以获得风险投资。

融资结构反映了企业通过不同来源和渠道筹集的资金之间的比例关系,是企业融资行为的结果。企业融资结构反映了企业资产所有权和债务担保程度。目前,中国创业公司的创业者在创业初期很难从社会上吸引创业资金,他们的主要资金来源仍然是家庭成员和创业伙伴。即使一小部分人能够获得小额信贷基金的支持,也只占启动资金的一小部分。融资渠道不畅不仅限制了他们能够获得的资金量,也为后续资金不足埋下了隐患。它还影响到人力资源、社会资源等其他创业资源的培育和获取,给企业的成长带来巨大挑战。

公司的融资成本包括利息支出和相关融资费用。与大中型企业相比,初创企业不仅没有机会以优惠利率借款,而且必须支付比大中型企业更多的浮动利息。同时,由于银行对初创企业的贷款经常使用抵押或担保方式,不仅手续复杂,而且为了寻求担保或抵押品,初创企业还需要支付担保费和抵押品资产评估等相关费用。正规融资渠道狭窄且受阻,迫使许多初创公司以高利率从私营部门借款,用于发展。所有这些都使初创企业在市场竞争中处于不利地位,导致融资困难。

造成创业融资困境的原因是多方面的。除了自身条件外,外部环境也对创业融资产生影响。通过分析和理解这些情况,我们可以澄清企业融资的不足,以便更好地优化融资流程,完成融资。

第二节 创业融资的决策

一、融资能力提升

制约大学生创新创业项目融资的主要因素包括创业者的心理资本、创业融资项目团队合作、创业融资的价值、投资者信心和创业融资环境。融资过程不仅需要一个具有强大心理资本的核心人物,还需要一个有凝聚力的团队。在企业中,能力强的人往往需要在人际沟通与合作中不断沟通和培养。然而,这并不意味着有了一个强大的团队,总经理就可以分担所有的责任。总经理不仅需要组建一个团队,还需要领导团队。团队协作不仅体现在团队成员之间的相互协作,也体现在整体领导者与整个团队之间的协作。

大学生创新创业项目,优点是项目所需资金不是特别多,缺点是大学生缺乏运营管理经验。如何利用大学生创新创业项目的优势,避免劣势,增强投资者对大学生创新创业的信心,是创业者需要关注的问题。随着投资市场的繁荣,投资者的偏好也有所不同。大学生创新创业项目的一大特点是新颖性,为投资者提供了广泛的选择。因此,企业家的核心工作是提炼他们的项目。

大学生创新创业者往往将更多精力投入到自己项目的融资规划中,无法观察到整体融资环境的变化,制约了大学生创新创业融资的实现。企业家的心理资本、创业团队的合作能力、创业项目的价值是内部因素,投资者信心和融资环境是外部因素。解决大学生创业融资困境的关键是增强创业者的心理资本、创业团队的合作能力和创业项目的价值。同时,这些应该以书面形式提交给投资者,以增加他们的信心。此外,有必要充分分析融资环境,找到合适的融资时机。

融资后,企业可能无法实现预期利润或按时偿还贷款。尽管这些风险无法提前预测,但企业需要提前制定风险应对计划。尤其是创业融资,市场需求的不确定性增加了融资的风险,通常回报越大,风险越高。企业家需要有管理风险的能力,了解创业融资面临的主要风险,以及如何避免这些风险。良好的风险管理能力不仅有助于降低融资风险,也有助于提高融资项目的质量。

创业团队成员应该分工合作,充分利用每个人的优势,同时高效合作,更好地实现整体目标。同时,必要的规章制度、积极有效的沟通和奖惩也是增强团队凝聚力的重要方法。融资成功不是创业项目的结束,而是新阶段的开始。融资后,第一步是明确需要做什么,要达到什么标准,难度有多大,以及可能出现的情况。企业家们为每种可能的情况作了哪些准备?是否有具体的应对措施?

创业团队在融资后的愿景规划也可以增强投资者的投资信心。清晰的愿景计划弥补了大学生创新创业项目落地的困难,也反映了创业者的视角,让投资者更深入地了解自己的创业能力,从而增强了他们的信心。企业家应通过融资前、融资中、融资后的详细分析来实现融资目标。同时,创新创业能力也需要通过不断的实践训练来提高。因此,在大学生创新创业课程中,有必要指导他们为自己的创新创业项目编写融资计划,使他们对创业融资有更深入的了解,提高他们在创新创业中的融资能力。

第八章 大学生创业的融资

二、网络金融背景下的大学生创业融资

基于互联网技术和多样化的融资渠道,有必要寻求解决方案来克服大学生创业融资的困难。在线金融背景下的融资服务与传统的融资服务相比发生了一些变化。在线金融服务由大数据技术支持。通过各种网贷平台,金融机构可以全面、快速地了解创业过程中有融资需求的创业者的信息,也可以客观地评估创业者的信用状况和创业项目的风险。

在互联网的背景下,在线金融可以提高融资服务的效率。如果创业者有创业融资需求,可以随时随地向金融机构提交融资申请,各金融机构利用该平台审核申请人的个人信息和项目信息。当贷款到期需要偿还时,将向创业实体发送提醒消息,并根据融资的执行状态和偿还状态形成评估。实施贷后管理可以显著降低融资管理成本,提高工作效率。

大学生创业热情较高,但由于各种客观因素,真正付诸实践的人数不多,创业成功率也不高。创业过程中存在较大的资金缺口是创业中断或失败的重要原因。大学生在创业中往往具有良好的创造力,但缺乏相应的执行计划、执行能力和相关措施。面对创业过程中的各种风险,再加上融资渠道不畅,他们在创业初期很容易受到阻碍。

大多数大学生创业公司获得的创业资金相对较少。创业者只能在小额担保贷款中申请 10 万元的贷款额度,并享受财政利息补贴。此外,由于大学生的创业经验有限,他们的创业过程中存在许多不可控的风险,金融机构出于谨慎的原则,对此类融资活动缺乏积极性。尽管许多金融机构响应国家号召,为企业家提供金融服务,但出于风险考虑,它们要求贷款人证明其还款能力、资产状况、提供担保、抵押贷款,并通过其他复杂的审批程序。他们还向金融机构提供资产详细信息和运营信息。大学生创业时,通常没有固定资产、储蓄或关系,很难获得贷款。即使他们成功申请贷款,也可能存在贷款金额低、贷款成本高等其他问题。

许多大学生在创业前没有对行业的现状和前景进行深入的研究,缺乏充分的准备,在挫折面前往往无法恢复。此外,由于创业团队数量有限,甚至一些创业者单打独斗,他们的创业项目往往集中在不具备技术优势的领域。企业家需要同时考虑管理、营销、宣传和融资等各个方面。一旦某个环节出现问题,很难在短时间内找到解决方案,最终导致项目半途而废。

在网络金融背景下,克服大学生创业融资难,政府应加大对大学生创业的支持力度,积极引入各类社会资本,利用市场的力量解决大学生创业融资困难问题。同时为商业银行或其他金融机构提供优惠政策,降低大学生创业贷款申请难度,缓解其资金压力。为大学生提供融资服务的金融机构需要与高等教育机构、政府部门等合作,建立共同的担保体系,简化大学生融资过程中一些不必要的流程,并引入各种新的融资模式,如互联网融资、众筹融资、第三方支付、创业保险等。金融机构可以利用大数据中创业者的信用信息等来"准确刻画"客户,计算出更合理的可贷款金额,并通过人工智能等技术进一步降低贷款中某些环节的管理成本。

在教学过程中,教师应注重创业融资教育、实践操作等方面,形成教、学、研、创的有机结合。高校可以通过政府主导,利用这些地区的创业集群效应,连接上下游供应链资源,与各类创业产业孵化园和大众创业空间建立紧密的合作关系,更好地解决学生创业融资过程中的问题。大学生需要不断注意提高综合能力,加深对市场营销、管理、财务等知识的理解,掌握一定的专业技能,能够顺利地与外界沟通,即同时具备智力、情商和才智。在条件允许的情况下,大学生创业者可以在中国政府鼓励的新产业中发展创业项目,如环保、科技、文化创意产业,以进一步提高他们的融资能力。此外,在创业过程中,最好组建一支能力不同的团队。通过共同努力,要准确把握市场变化、融资机构、融资政策等,才能找到理想的融资渠道,最终获得投资。

第三节 创业融资的方式与流程

一家公司的成立需要足够的启动资金。对于公司发展而言,资金在每个阶段,对任何企业家都是至关重要的。创业融资需要有自己的融资渠道和方式,不同的融资渠道、方式有各自的特点和适用性。

第八章　大学生创业的融资

一、创业企业融资方式

根据资金来源可以将融资分为债务融资和股权融资两种,通过分析两种融资方式的优缺点,企业家以此来做出自己的融资决策。

(一)债权融资的优缺点

通过债务融资筹集借来的资金,资金所有者将资金提供给资金使用者,资金使用者在预定时间归还本金,并按事先约定金额支付利息。债务融资区别于其他融资手段的优势在于,融资者对自己的公司保持绝对的控制,并享有未来高回报的可能性。只要如期偿还贷款,债权人不会干涉任何公司决策,阻碍公司发展。当然,债务融资也具有一定的缺点,即在不能保证营业收入高于资金成本的时候,企业就会面临资不抵债的情况,且债务融资使得企业的负债率增加,降低了企业再次筹集资金的可能性。

(二)股权融资的优缺点

通过股权融资筹集资金,需要公司股东放弃对公司的部分所有权,投资者向公司增资,持有该公司的股份。股权融资的优势:帮助企业实现跨越式发展,通过充足的资金和丰富的资源快速领先竞争对手,占领行业制高点;股权融资代表着其商业模式得到资本市场的认可,发展前景被市场看好,对提高行业知名度和吸引人才具有积极作用,将带来覆盖企业发展每个重要阶段的客户资源、政府资源、网络资源等资源。股权融资的缺点在于:股票被稀释,失去对公司的控制;重大决策如果存在分歧,会降低企业的决策效率。

二、创业融资的流程

创业的首要目的是赚钱,因此创业者需要了解管理,精通财务管理,并具备一定水平的财务知识。

（一）启动资金的预测

进入初创阶段尽管对资金的总体需求相对较小,但很大一部分资金用于购买实物资源,这可以确保强大的还款能力,直到它们被实际消耗掉。因此,市场风险成为此时的主要风险。由于企业仍处于现金流出远远超过现金流入的阶段,高科技企业在这一阶段获得商业银行贷款极其困难。创业阶段的企业家对资金的需求比种子阶段的企业家更大,但他们潜在的投资回报风险也在降低。

创业所需的资金数额由多种因素决定,如创业者选择的项目类型、项目规模和企业所在地。让我们以 A 和 B 的投资项目为例进行说明。

（1）投资（固定资产）预测。

经过调查研究,A 和 B 决定以租房的方式开设一家定制服装店。目标客户是 40～55 岁的中年男女,收入从 1000 元到 4000 元不等。通过比较,确定了店铺的位置、面积和租金。关于制作服装的过程,两人已经掌握了成熟的技艺。他们就开店所需购买的物品列出了清单。他们估计的开店启动投资如表 8-1 所示。

表 8-1　启动资金估算

项目	总费用(元)
店铺租金(押一付三)	16000
装修费	4000
货车 1 辆	20000
电脑 1 台	3000
电话 1 部	200
打印机 1 台	1000
桌椅 4 套	1200
服装模型 20 个	1000
样品 2 捆	3000
办公用品	50
广告传单费	400

续表

项目	总费用(元)
市场调研费	250
水电费用	600
总计	50700

在创业之初,没有必要在推广上花很多钱。通过推广产生实际效益需要很长时间。例如,购买原材料和销售用于生产的商品,支付工资、租金、保险和其他费用。本例中经 A、B 服装店初步估算,流动资金需求量见表 8-2。

表 8-2 流动资金估算

项目	总费用(元)
店铺 3 个月租金	12000
借款利息	750
汽油费	300
促销费	300
办公费	110
电话费	90
水电费	100
总额	13650

根据上述估算,A、B 的服装店需要流动资金 13650 元。

注意:

①适当流动资金准备就绪时,它可以平静地处理各种费用的支付。预测营运资金需求的准确性越高,用于储备的营运资金就越少。

②在创业的早期阶段,企业可能会遇到各种问题,可能急需流动资金。为了有一个更准确的预算,必须制定一个具有一定灵活性的现金流计划,并进行必要的修订,使其尽可能准确。因此,这家服装店创业所需的创业资金总额为:

启动投资 + 流动资金 =50700+13650=64350(元)

(二)制订利润计划

进入成长期后,创业企业的发展潜力开始显现。尽管他们的销售收入增加了,但他们的开支也在不断增加。这一阶段资金需求显著增加,企业必须在短时间内获得大量资金。由于该产品在市场上已经流行并盈利,并且企业的运营和管理基本顺利,这一时期的投资风险相对较小,投资具有较高的安全性和盈利能力。发展成绩好、前景好的创业企业,现阶段在二板市场上市的成功率也会很高。因此,通过在二板市场上市筹集必要的创业资金也是一种非常理想的方式。

虽然已经开始创业,但一旦开始运营,企业能盈利吗?这不能保证。因此,我们还需要制定一个盈利计划。

制订利润计划包括的内容如图8-1所示。

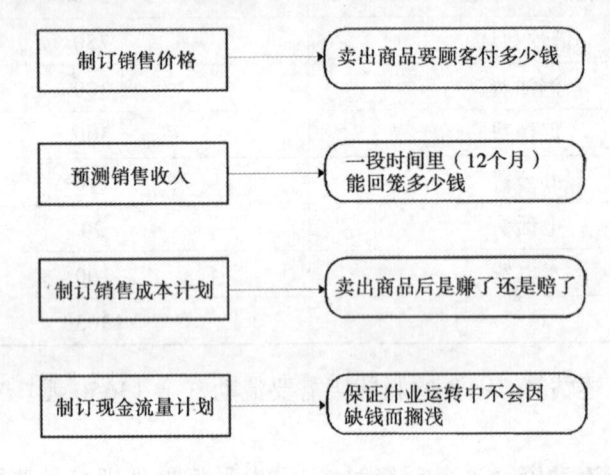

制订销售价格	→	卖出商品要顾客付多少钱
预测销售收入	→	一段时间里(12个月)能回笼多少钱
制订销售成本计划	→	卖出商品后是赚了还是赔了
制订现金流量计划	→	保证什业运转中不会因缺钱而搁浅

图8-1 制订利润计划内容

1. 制订销售价格

(1)成本加价法。成本价格是指生产产品或提供服务的总成本。总成本加上一定比例的利润,就是销售价格。其中,固定成本是指如租金、保险、营业执照等基本不变的成本;可变成本是指如材料费等会随着生产或销售而不断变化的成本。本例中创办服装店铺购买面料等原料的成本就是可变成本。

第八章　大学生创业的融资

成本折旧,指的是如设备、车辆等固定资产连续折旧产生的成本。本例中可折旧的固定资产并不多,新购买的小型货车、电脑、座椅、服装样品等。小型货车可以使用10年(120个月),折旧10年;计算机、打印机、固定电话和其他设备,以及桌椅、鞋尺寸模型、皮革样品和办公用品,在5年内折旧,这家服装店计划在大约5年后进行翻新;开办费(筹建期内的广告费、市场调研费)也可摊销计入成本,并设定在9个月内收回。

经测算,一个月订做100件服装的总成本见表8-3。

表8-3　成本价格估算

项目	总费用(元)
店铺租金	4000
贷款利息	250
汽油费	100
市场营销和促销费	100
电话费、水电费和办公费	100
折旧及开办、装修费用摊销	480
加工厂工时费(10元/件)	1000
工人工资	3500
月成本总计	9530

(2)竞争比较法。一方面,应进行严格的成本核算,以确保定价高于成本。另一方面,比较类似产品的价格以保持竞争力。

2.预测销售收入

预测销售额和收入是制定商业计划的重要部分,创业的最初阶段,通常销售额不会太高。根据销售预测,根据销售额计算销售收入。以下步骤可用于不同企业的不同销售预测。

(1)列出产品、服务的清单。
(2)根据市场调查,预测一年中每个月的产品销售量。
(3)为产品制订价格。
(4)销售单价 × 月销售量 = 产品月销售额。

A 和 B 定制服装店铺的销售收入预测见表 8-4。

表 8-4　销售收入预测

月份	4月	5月	6月	7月	8月	9月	10月	11月	12月
预测销量（件）	50	60	70	100	100	100	100	100	100
产品单价（元）	133	133	133	133	133	133	133	133	133
含税销售收入（元）	6650	7980	9310	13300	13300	13300	13300	13300	13300

3. 制订销售成本计划

有必要计算产品的销售价格、销售额和相关税费，这是为了制定企业的销售和成本计划。在这个例子中，两人讨论说，他们在头三个月内不会收到工资。因此，他们的计划如表 8-5 所示。

表 8-5　企业的销售和成本计划　　　　　　　　单位：元

项目/金额/月份		4月	5月	6月	7月	8月	9月	10月	11月	12月	合计
销售收入	含税销售收入	6650	7980	9310	13300	13300	13300	13300	13300	13300	103740
	增值税	375	450	525	750	750	750	750	750	750	5850
	净销售收入	3275	7530	8785	12550	12550	12550	12550	12550	12550	97890
经销成本	工资	—	—	—	3500	3500	3500	3500	3500	3500	21000
	营销与促销费用	100	100	100	100	100	100	100	100	100	900
	店铺租金	4000	4000	4000	4000	4000	4000	4000	4000	4000	36000
	贷款利息	250	250	250	250	250	250	250	250	250	2250

第八章　大学生创业的融资

续表

项目/金额/月份	4月	5月	6月	7月	8月	9月	10月	11月	12月	合计
汽油费	100	100	100	100	100	100	100	100	100	900
电话、水电、办公费	100	100	100	100	100	100	100	100	100	900
折旧及开办装修费摊销	480	480	480	480	480	480	480	480	480	4320
加工成工时费（10元/件）	500	600	700	1000	1000	1000	1000	1000	1000	7800
原材料	1000	1200	1400	2000	2000	2000	2000	2000	2000	15600
总成本	6530	6830	7130	11530	11530	11530	11530	11530	11530	89670
利润	-255	700	1655	1020	1020	1020	1020	1020	1020	8220

表中显示服装店从第2个月开始盈利。

　　增值税 = 预测销量 × 税前单价 × 增值税率6%

　　利润 = 净销售收入 − 总成本

4. 制订现金流量计划

　　企业家应重视流动资金的管理。从4月开始运营，但前期的现金流入和流出也应包括在现金流计划中，如表8-6所示。

表 8-6 现金流量计划

单位：元

项目/金额/月份		3	4	5	6	7	8	9	10	11	12	合计
现金流入	月初现金	0	30150	30750	32380	35010	38790	42540	46290	50040	35790	—
	现金销售	0	6650	7980	9310	13300	13300	13300	13300	13300	13300	103710
	贷款	70000	0	0	0	0	0	0	0	0	0	70000
	业主投资	0	0	0	0	0	0	0	0	0	0	0
	可支配现金	70000	36800	38730	41690	48340	52090	55840	59590	63340	67090	—
现金流出	原材料现金采购	0	1000	1200	1400	2000	2000	2000	2000	2000	2000	15600
	工资	0	0	0	0	3500	3500	3500	3500	3500	3500	21000
	加工厂工时费	0	500	600	700	1000	1000	1000	1000	1000	1000	1200
	促销	100	100	100	100	100	100	100	100	100	100	1000
	电话水电办公费	300	100	100	100	100	100	100	100	100	100	1200
	汽油费	100	100	100	100	100	100	100	100	100	100	1000
	租金	4000	4000	4000	4000	4000	4000	4000	4000	4000	4000	40000
	借款利息	250	250	250	250	250	250	250	250	250	250	2500
	开办费	650	0	0	0	0	0	0	0	0	0	350
	店铺装修费	5000	0	0	0	0	0	0	0	0	0	5000
	设备购买	4200	0	0	0	0	0	0	0	0	0	4200
	办公家具面料样品购买	5250	0	0	0	0	0	0	0	0	0	5250
	机动车购买	20000	0	0	0	0	0	0	0	0	0	20000
	增值税	0	—	—	—	—	—	—	—	—	—	—
	附加税费	0	—	—	—	—	—	—	—	—	—	—
	个人所得税	0	—	—	—	—	—	—	—	—	—	—
	现金总支出	39850	6050	6350	6650	11050	11050	11050	11050	11050	11050	125200
	月底现金	30150	30750	32380	33540	37290	41040	44790	48540	42290	56040	—

第八章　大学生创业的融资

上月底现金 = 下月初现金
可支配现金 = 月初现金 + 现金销售 + 贷款 + 业主投资
本月底现金 = 可支配现金 − 现金总流出

A 和 B 发现，基于他们有良好的初始投资和流动资金预算，在业务过程中不存在资金短缺的情况，每个月的现金流计划都比较充裕。

（三）结合发展规划预测融资需求量

创业前必须了解财务指标和报表等财务知识。企业获得资金不仅为企业的进一步发展增添了动力，扩大经营范围和规模，还为风险投资家的退出创造了条件。一些企业将从接受风险投资转变为新的风险投资市场的投资主体。因此，风险投资实现了一个循环，其规模和实力都有所提高。应该强调的是，有必要明确区分自己和竞争对手之间的差异，以加强自己的项目优势。

对于融资额度的问题，投资者不应该提，企业家也不应该主动提，这是一种技巧。尽管计划中有详细的资金使用限制和财务分析，但投资者仍然会问创业者。如果他们没有问，不要强调我们需要多少钱，而是关注项目优势和投资回报。

根据投融资行业的观察，许多企业家都有这样的心态，害怕融资失败，不会向投资者充分披露商业秘密。而投资者在不了解项目细节的情况下很难甚至不可能做出任何决定或声明。此外，以秘密和过度谨慎的方式自我介绍的企业家只会让投资者认为他在合作中缺乏足够的信心和诚意。创业者在项目前期规划或谈判时，应保持自己的主动性和合作底线。不要为了获得资金而过度出售自己的权益，否则投资者将决定放弃投资。如果在谈判过程中出现这样的问题，只会使创业者的所有努力付诸东流。只要企业家在融资过程中注意沟通和谈判技巧，并保持自信心满满，企业的融资之旅将变得更加顺畅。

第四节 创业融资的渠道

一、私人资本融资渠道

创业公司如何通过私人资本筹集资金？一般来说，有几种方法。

（一）自我融资

自筹资金是指企业家将部分甚至全部积蓄投资于成立一家新企业。企业家会将自己资金的很大一部分投资于新的企业。

企业家们明白，一家公司在创业时需要一定的资金来支付各种费用，然后才能产生一定的收入流。人们认为这些基金是启动基金。企业开办资金一般有两个用途：一是经营前费用或投资，二是经营前支出或流动资金。自有资金是指企业家拥有并投资于企业经营的资金。毫无疑问，要维持新创业公司的正常运营，企业家必须将自己的积蓄投入到新企业中。自有资本是创业中最常见的股权融资形式。在创业的早期阶段，企业还没有得到充分的监管，技术、市场和管理方面的风险相对较高。利润也不确定，很难获得贷款和投资者的青睐。因此，通过企业家自己的资金，可以驱动企业启动，并使其能够获得后续融资。一般来说，企业家的个人储蓄是创业融资的最初来源，几乎所有企业家都会将个人储蓄投资于新成立的企业。

企业家应该把大部分资金投资于新成立的企业。告诉其他投资者，企业家必须对他们发现的商业机会有信心，对他们的新业务有信心，并全心全意、坚定地从事他们的业务；企业家在使用新业务的每一分钱时都非常谨慎，因为这是他们自己的钱。对于许多企业家来说，自筹资金可能是为新企业筹集资金的一种方式，但这并不是一个根本的解决方案。当然，尽管个人储蓄是企业融资的一种手段，但它们并不是一个根本的解决方案。因为个人储蓄对企业来说非常有限，尤其是对资本密集型企业来说，几乎是杯水车薪。

企业家投资自己的资金有两层含义：一方面，他们可以利用现有资金快速抓住创业机会，因为创业机会往往时间紧迫，企业家需要迅速做出反应来投入资源和开发机会。只有投入绝大多数的自有资金，合伙人或投资者才能看到企业家创业的决心，同时企业家也会全心全意地投资于自己选择的职业。

（二）亲朋好友融资

家庭和朋友之间的融资是创业融资的一个非常重要的来源，而以企业家为中心的亲属、地理和商业的社会网络对包括创业融资在内的许多创业活动产生了重大影响。这种方法可以快速筹集必要的资金，对于资金需求较小的初创企业来说相对简单，可以省去许多复杂的程序。

采用家人和朋友融资的商业方式，有必要规定每个债务基金的利率和还款计划，而不是承诺股票基金未来的股息支付时间。如果我们能像对待其他投资者一样对待家人和朋友，我们就能避免未来潜在的冲突。

家庭成员、亲戚和朋友通常是企业家理想的贷款人，许多成功的企业家在创业的早期阶段都从家人或朋友那里借来了资金。据统计，家庭和朋友是企业家创业的第二大资金来源（第一是自己的资金）。绝大多数企业家依靠私人贷款来创业，因为专业投资机构通常只投资于那些可能快速增长的公司，考虑投资项目的高回报。因此，能够获得专业机构投资的企业家非常少。

此外，创业者在接受投资之前还需要仔细考虑投资对家人或朋友的影响，尤其是考虑创业失败后的困难和艰辛。家庭成员和朋友应该基于他们对投资成功的信心来投资新企业，而不是因为他们认为自己有这个义务。

在这一阶段，除了企业家本身融资，向家人和朋友借款是最常见的资金来源。他们有一定程度的亲情和友谊，这使他们更容易建立信任感。当然，企业家也应该综合考虑投资的积极和消极影响和风险，以务实的方式对待家人或朋友的贷款与其他投资者的资金。任何贷款都必须有明确的利率和还本付息计划，并且必须就所有融资细节达成一致。

(三) 天使投资

天使资本是一种股权资本形式，通常是由个人或非正式风险投资机构进行的一次性前期投资，这些机构在原始项目理念或小型初创公司中积累了财富。天使投资是处于种子期和初创期的初创企业的主要且更有利的融资方式。

天使投资是一种风险投资，与其他风险投资一样，为长期股权投资提供附加值。主投资专家有一个比喻，就像投资于一个学生。风险投资公司关注大学生，机构投资者更喜欢中学生，天使投资者培养的是处于萌芽阶段的小学生。

天使投资者通常有两种类型，一种是成功的企业家，另一种是来自大学研究机构的高管或专业人士。他们希望用自己的资金和经验帮助志同道合、有创业精神和能力的人创业，以继续或完成他们的创业梦想，并投资于他们熟悉或感兴趣的行业，冒着能够承担的风险，获得回报。

天使基金通常是企业家的亲密商业伙伴，他们对自己的能力和创造力有深刻的信念，因此天使投资的门槛通常很低。在确定投资收购时，有必要与天使投资者建立协议，包括如何分配利益以及双方的权利和义务。

天使基金的优点是私人资本的投资过程简单，而缺点是私人投资者和企业家之间的关系不确定。企业家应提前对私人资本进行研究，并与私人资本家就未来合作中可能出现的潜在问题进行坦诚的讨论。

天使投资平台分为线上、线下和两种形式的结合三种。线下天使投资平台为投资交流和休闲工作提供了一个实体场所，让投资者能够近距离了解企业家，并在同一天与多个项目和投资者进行沟通。缺点是时间和地理限制使一些项目和投资者无法准确赶上沟通的时间和地点。

(四) 众筹融资

众筹是从国外的"Crowdfunding"一词翻译过来的，即大众融资，由赞助商、投资者和平台组成。它是指从众筹中筹集资金来支持赞助它的个人或组织的行为。企业家或创意人员向平台提交他们的产品原型或想法，以发起筹款活动，任何有想法的人都可以开始设计和生产新产

第八章 大学生创业的融资

品。标准化的项目演示和业务规划省去了风险投资家亲自搜索特定信息的需要,而这些信息往往因格式不同而难以找到。目前,众筹这种新的融资形式发展迅速,也是许多年轻企业家获得创业资金的一种流行方式。

二、机构融资渠道

（一）银行贷款

银行贷款是指企业在一定条件下从银行获得的货币资金,用于按照约定的利率和期限还本付息。银行以一定的成本聚集了大量储户的巨额资金,向符合条件的企业随时准备提供各种期限和金额的贷款。银行财力雄厚,因此企业家最先想到的融资方式就是银行贷款,反映了企业与银行之间的债务关系。

银行在评估贷款项目时,基于"盈利、安全和流动性"的基本原则,被审查的因素通常被称为"6C",即品德资信(Character)、经营能力(Capacity)、资本(Capital)、担保物价值(Collateral value)、经营环境(Condition)、事业的连续性(Continuity)。

对于借款人是否愿意偿还债务,通常可通过审查其过去的信用状况并通过面对面的会议与借款人进行谈判。尽管企业家获得银行贷款存在重大困难,但这并不意味着他们无法获得银行支持。对于企业家来说,对银行贷款的信息可以通过各种途径获得。银行特别愿意在一年内考虑贷款,这有助于及时评估贷款风险和决策未来的贷款计划。

（二）风险融资

风险投资是一种持续的、非流动的股权资本形式,而不是借贷资本。风险资本家投资股权资本不是为了控制一家公司,而是为了盈利。它更喜欢具有良好整体素质和创业潜力的创新者和团队。

一些风险投资公司和合伙企业对潜在投资进行深入而专业的调查和评估；投资标的一般是高科技和高增长潜力企业；在投资的后期,大多数风险投资都投资于非初创公司,而不仅仅是一家公司；二次投资和风险投资可能跨越公司发展的几个阶段,累计投资金额相对较大。

(三)租赁融资

这是一种直接以融资为目的的信贷方式,先借东西,然后通过租金分期偿还。融资租赁适用于资源型、公共设施型、制造加工型企业。如果他们在企业运营过程中遇到财务困难,可以将工厂设施出售给融资租赁公司。后者可以通过租回企业获得利润,而银行贷款给融资租赁公司提供购买资金。制造业企业可以用这笔资金偿还债务或投资,激活资金链。从国际租赁行业来看,绝大多数租赁公司服务于中小企业。由于中小企业无法向银行提供令人满意的财务报表,它们只能通过其他方式实现融资。融资租赁公司提供了这样一个平台,通过租赁实现融资。这种融资方式具有以下优点:不占用初创企业银行的信贷额度,不需要使用大量资金购买设备。但租赁融资的投资者必须选择实力雄厚、信誉度高的专业公司。

(四)典当融资

典当是一种通过转让实物资产所有权作为抵押品获得临时贷款的融资方式。只要客户在约定的时间内偿还本金并支付一定的综合服务费,典当就可以赎回。企业家不需要提供关于贷款用途的财务报表和解释,不需要审查借款人的信用评级,也不需要询问贷款用途。当铺或银行评估抵押品的现值,并将其乘以贴现率来计算当押金额。与银行贷款作为主流融资渠道相比,典当融资起到了填补缺口、调节盈余以满足需求的作用,并在短时间内努力为融资者获得更多资金。

三、政策融资渠道

政策性融资也是一个非常有利的融资渠道。政策性融资是一种低成本、低风险的融资方式,常见的政策性融资方式主要是创业扶持基金。

创业基金是针对特殊群体,结合各地实际,设立的鼓励创业的扶持基金。这些群体中的大多数都有强烈的创业愿望。例如,政府将为大学

第八章 大学生创业的融资

研究生群体、国际学生创业群体、下岗工人、失业青年、返乡农民工、妇女等设立专门基金。经过多年的运作,创新基金为中国许多科技型中小企业提供了支持。风险投资引导基金有效克服了通过市场配置风险投资的市场失灵问题,特别是通过鼓励风险投资企业投资种子期、初创期等早期企业,弥补了其应对风险不足的状况。

第九章　大学生创业实践

大学生创业实践研究是大学生创新创业的重要组成部分,有助于提高大学生的创新创业能力和实践能力,为将来的创业实践打下坚实的基础。本章对大学生创业实践的相关内容进行简要阐述。

第一节　企业组织形式的选择

大学生毕业后选择自主创业,就要根据自身的条件和环境,选择适合自己的企业组织形式,为今后经营管理企业打下良好的基础。对于创业者来说,要创办一家企业,搞清楚有关企业创立的一些基本知识是十分必要的。如企业的基本内容是什么,为何要创办企业,何时适合创办企业,创办企业需要哪些条件,企业有哪些法律形式,需要遵守哪些相关法律法规,等等。

一、企业法律组织形式

(一)个体工商户

在法律允许的范围内,依法登记从事工商业活动的称为个体工商户。个体工商户可以个人经营,也可以家庭经营。个人经营的,以个人全部财产承担民事责任;家庭经营的,以家庭全部财产承担民事责任。除以上形式外,个体工商户也可以个人合伙形式经营,即由2个以上公

第九章 大学生创业实践

民自愿组成,共同出资,共同经营,但从业人数不得超过8人。

(二)个人独资企业

个人独资企业又称个人业主制企业,是指按照《中华人民共和国个人独资企业法》依法设立的由一个自然人投资并承担无限连带责任的经营实体。个人独资企业是最早出现的企业法律组织形式,设立门槛低,设立程序最简单。

(三)合伙企业

合伙企业适用于创业者有多人时的情形,是指自然人、法人和其他组织依据《中华人民共和国合伙企业法》在中国境内设立的,由两个或两个以上的合伙人订立合伙协议,为经营共同事业,共同出资、合伙经营、共享收益、共担风险的营利性组织。合伙企业又分为普通合伙企业和有限合伙企业两种类型。

(四)公司企业

公司是现代社会中最主要的企业组织形式。它是以盈利为目的,由股东出资形成,拥有独立的财务,享有法人财产权,独立从事生产经营活动,依法享有民事权利,承担民事责任,并以其全部财产对公司的债务承担责任的企业法人。公司有独立的法人财产,享有法人财产权,公司以其全部财产对公司的债务承担责任。

1.有限责任公司

有限责任公司是由2个以上、50个以下的股东共同出资,每个股东以其所认缴的出资额对公司承担有限责任,公司以其全部资产对其债务承担责任的经济组织。

根据《中华人民共和国公司法》，创业者设立有限责任公司，应当具备下列条件：
①股东符合法定人数；
②有符合公司章程规定的全体股东认缴的出资额；
③股东共同制定公司章程；
④有公司名称，建立符合有限责任公司要求的组织机构；
⑤有公司住所。

2. 股份有限公司

股份有限公司是将全部资产分为等额股份，股东以其所持股份金额为限对公司承担责任，公司以其全部资产对公司债务承担责任的经济组织，其具有法律人格，即表示法律认可公司是享有民事权利、承担民事责任的独立个体，公司有独立的法人财产，享有法人财产权，以其全部财产对公司的债务、创业基础承担责任。

根据《中华人民共和国公司法》，创业者设立股份有限公司，应当具备下列条件：
①发起人符合法定人数；
②有符合公司章程规定的全体发起人认购的股本总额或者募集的实收股本总额；
③股份发行等办事项符合法律规定；
④发起人制定公司章程，采用募集方式设立的要经创立大会通过；
⑤有公司名称，建立符合股份有限公司要求的组织机构；
⑥有公司住所。

二、创业企业法律组织形式的比较和选择

下面就个人独资企业、合伙企业、有限责任公司、一人公司和股份有限公司法律组织形式对于创业者优势、劣势进行比较，如图9-1所示。

第九章 大学生创业实践

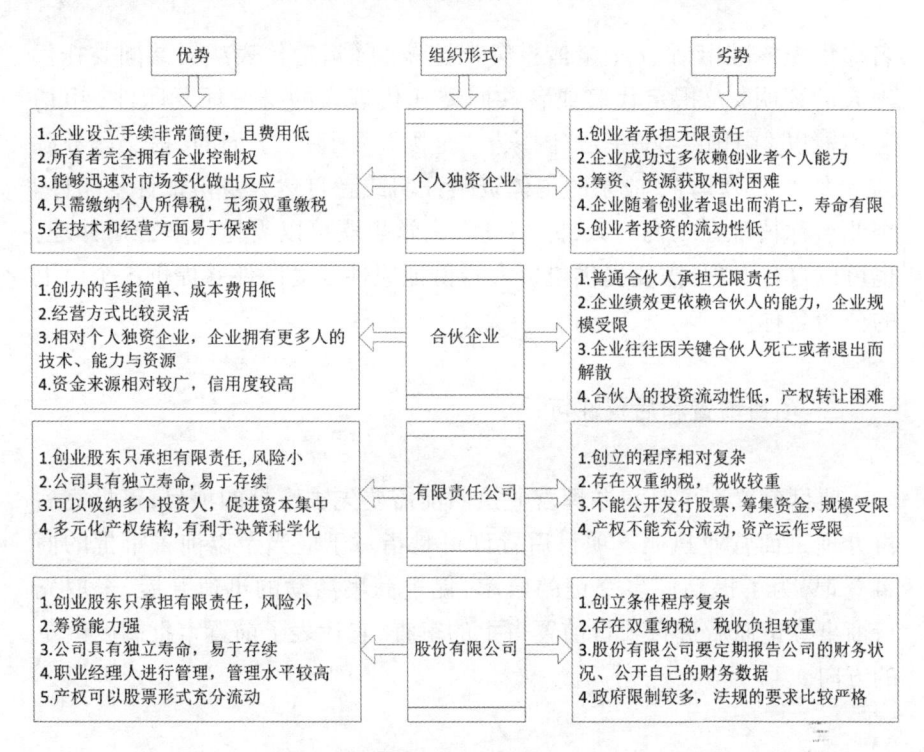

优势	组织形式	劣势
1.企业设立手续非常简便，且费用低 2.所有者完全拥有企业控制权 3.能够迅速对市场变化做出反应 4.只需缴纳个人所得税，无须双重缴税 5.在技术和经营方面易于保密	个人独资企业	1.创业者承担无限责任 2.企业成功过多依赖创业者个人能力 3.筹资、资源获取相对困难 4.企业随着创业者退出而消亡，寿命有限 5.创业者投资的流动性低
1.创办的手续简单、成本费用低 2.经营方式比较灵活 3.相对个人独资企业，企业拥有更多人的技术、能力与资源 4.资金来源相对较广，信用度较高	合伙企业	1.普通合伙人承担无限责任 2.企业绩效更依赖合伙人的能力，企业规模受限 3.企业往往因关键合伙人死亡或者退出而解散 4.合伙人的投资流动性低，产权转让困难
1.创业股东只承担有限责任，风险小 2.公司具有独立寿命，易于存续 3.可以吸纳多个投资人，促进资本集中 4.多元化产权结构，有利于决策科学化	有限责任公司	1.创立的程序相对复杂 2.存在双重纳税，税收较重 3.不能公开发行股票，筹集资金，规模受限 4.产权不能充分流动，资产运作受限
1.创业股东只承担有限责任，风险小 2.筹资能力强 3.公司具有独立寿命，易于存续 4.职业经理人进行管理，管理水平较高 5.产权可以股票形式充分流动	股份有限公司	1.创立条件程序复杂 2.存在双重纳税，税收负担较重 3.股份有限公司要定期报告公司的财务状况、公开自己的财务数据 4.政府限制较多，法规的要求比较严格

图 9-1 各种企业组织形式对于创业者的优势、劣势比较

第二节 企业的申办

一、企业名称设计

新创企业正式成立之前，必须进行企业名称设计，这是新创企业注册的第一步。企业名称是该类产品或服务企业的专有名称，是一个企业区别于其他企业或组织的特定标志，俗称公司牌子。显然，公司牌子是企业的无形资产，是可以世代相传的宝贵财富。拥有一个响亮的企业名称，是让消费者久闻大名的前提条件，也有利于提升公司的知名度与竞争力。例如"可口可乐""家乐福""宝马""联想""美的"等品牌让人留下深刻而美好的印象。

办理企业名称预先核准需提交以下材料：全体投资人签署的《企业

名称预先核准申请书》；全体投资人签署的《指定代表或者共同委托代理人的证明》及指定代表或者共同委托代理人的身份证复印件；申请名称冠以"中国""中华""国家""全国""国际"字词的，提交国务院的批准文件复印件；股东的主体资格证明或者自然人身份证件复印件。企业名称核准在工商行政部门办理，大学生既可以委托代理公司办理，也可以自行办理，需要提供投资人身份证原件及复印件并提供5个以上的公司名称。

二、项目前置和后置许可

项目前置许可是在办理营业执照前需要先去审批的项目，审批完后再办理工商营业执照。项目后置许可是指对于应当予以前置审批的商事登记，为了提高商事登记的效率，促进商事活动的迅速开展，采取先行商事登记而后进行项目前置审批的审查，它代表了前置审批制度改革的方向。

三、具体注册流程

创业项目的企业法律形态选择完后，应按照现行法律规定完成企业工商注册。根据企业法律形态的不同，其注册流程也不同。以常见的有限责任公司为例，其主要流程为：投资人间签定投资协议，注册公司名称预先核准，确立经营范围，确定投资人出资比例，制订公司章程，特定行业项目的前置许可，办理营业执照（三证合一），到注册地管辖的公安局指定刻章点刻公章、财务章、法定代表人章，开设基本账户，代理记账，核定税种。[①]

根据现行法律法规，普通公司的注册资本是认缴制，不再需验资报告。但认缴制不是不缴，是可以在一定期限缴纳，若一定期限内仍未足额缴纳，在商业活动中可能会面临纠纷和责任，同时特殊行业的项目在注册公司时仍有注册资本的限制。

[①] 卿臻,罗兰芬,蒙振,等.大学生创新创业教育[M].北京:国家行政学院出版社,2018.

第三节　初创企业的选址

创业者要把自己的创业项目通过生产经营来实现,必须有一定的经营场所。根据法律规定,创业者需要选择合法的经营场所并依法注册登记后,方可进行正常运营。因此,企业选址对企业者来说也是一项科学决策的过程,企业选址的好坏将直接或间接影响创业项目的成功与失败。

一、企业选址的原则

企业选址是指如何运用科学的方法确定设施的地理位置,使之与企业的整体经营系统有机结合,以便有效、经济地达到企业的经营目的。

(1)成本费用原则

企业首先是经济实体,经济利益是企业永恒追求的目标之一。大学生在创业初期,常常对创业计划的实施持乐观的态度,把有限的资金用于选址后的建设、装潢、办公物品采购等方面,往往会在后期出现资金紧张等问题。

企业进行注册完成后就要开始着手企业选址问题,此时要理性分析,全面考虑企业用房的费用,如房租费、水电费、物业管理费等,因为在一、二线城市,企业用房的费用通常必不可少且占用资金比例最高。因此大学生要尽可能地降低前期的资金投入,合理支配企业资金,防止创业后期面临较大的资金压力。

(2)集聚人才原则

人才是创业最宝贵的资源,创业选址得有利于吸引人才。反之,因创业搬迁造成员工生活不便,导致员工流失的事情时有发生。

(3)接近用户原则

对于服务型企业,几乎都需要遵循这条原则,如银行、电信、影剧院、医院学校、商店等;许多制造企业也把工厂搬到消费市场附近,以降低运费和损耗。

（4）长远发展原则

企业选址是一项带有战略性的经营管理活动，因此要有战略意识。选址工作要考虑到企业生产力的合理布局，要考虑市场的开拓，要有利于获得新技术、新思想。在当前世界经济越来越趋于一体化的时代背景下，还要考虑企业选址是否有利于参与国际的竞争。

（5）兼顾其他原则

兼顾政策因素、环境因素、文化因素、社情民意等。企业选址是否符合政策要求，是否符合当地环保政策，是否适应当地气候条件，是否符合当地人民风俗习惯和社情民意，等等。

二、影响企业选址的因素

对企业而言，一个合适的投资地点，必须是政府/园区与企业的共赢，企业投资某地，需要在成本上有优势，在管理上增效，在市场上扩量。对于政府而言，一个合适的投资项目，必须有助于当地产业发展，必须能为当地产业优势的最大限度发挥与产业集聚的全面提升发挥较大助益。影响创业选址的因素主要有如下几个方面。

（1）区位交通

区位交通是一个地区或园区发展最为根本的依托。区位要素需要考虑大区位和小区位。

（2）经济基础

经济基础是衡量园区所在城市综合能力的指标，显示了园区外部综合发展环境，对园区发展有间接但重要的影响。中投顾问一般采用企业所在区域 GNI（国民总收入）、人均 GDP（国内生产总值）、人均可支配收入、地方政府财政收入等指标来表示园区所在城市的经济基础。一般而言，地方财政收入区县一级能够达到 30 亿元（剔除转移支付资金）时，则该地区的经济基础较为优质。

（3）产业基础

产业基础是投资企业最为看重的要素，主要包括产业企业数量、规模以上企业数量、该产业产值占区域内所有产业产值比重、产业上下游企业数量集聚情况、原材料供应商数量及供应程度，下游购买企业数量及销售渠道等。我们调研过的大量的案例也印证了产业基础对于企业

第九章　大学生创业实践

选址的重要性。除了乡情等因素外,纺织企业在佛山西樵集聚度较高,农产品在山东寿光周边集聚度较高,LED及灯饰在中山小榄及周边集聚度较高,竹产品在浙江安吉集聚程度较高,整车企业在重庆、武汉、合肥、台州等地产业集聚度较高。

（4）产业要素

产业要素是企业选址的重要因素,主要包括土地、水、电、气、人工五大因素。物流企业选址一般重点关注土地要素,饮品企业一般重点关注水要素,线路板企业一般重点关注电价因素,陶瓷企业一般重点关注燃料要素(目前大多数陶瓷企业已经从用煤改为使用燃气了),纺织企业一般重点关注人工要素。医药行业最为关键的是研发创新,因此能否获得高端研发创新人才是行业选址的重要因素。当然,不少企业也采用了研发实验室与生产分离的方式来解决落户地人才不足的问题。

（5）政策支持

政策支持是投资选址中最难评估也最难协商的部分,原因是行政监管多,需要绕开的因素多。政策支持,常见的有:针对某一特定行业的扶持政策;针对高端人才(高管个税返还),有相应的扶持政策;针对土地因素,有政府定下来的基准地价折扣优惠政策;针对电价,有可能通过政府牵头协商,拿到直供电电价(不上网电价);针对技改,政府可能有专项资金支持……

（6）履约能力

政府政策履约能力是项目,尤其是倾"全市之力""全县之力"引进的重点项目考虑的重点。履约能力方面,主要考察地方财政实力、政府服务、决策人更替三大要素。

（7）土地条件

土地是一切产业活动的基础,没有土地就没有产业发展的空间。我们需要重点关注土地属性、土地可获得性、建设条件、用地成本等四大要素。在土地属性上要重点考虑面积、形状、连片性、平整度等方面具体内容;土地可获得性是比较容易忽略的,土地规划、拆迁、未来可扩张空间都是需要考虑的内容;在建设条件方面,则主要考虑地形、水文地质、高压线走向、市政道路、河流走向等详细内容;对于用地成本,则主要考虑各类土地的价格。

（8）自然条件

自然条件对于大多数项目而言,具有一致性,但这不是它被忽略的理由。自然条件对于项目具有基础性影响。例如,某汽车整车制造商从韩国引进的专家团队,在抵达当地两天后决定辞职回国,原因是该整车制造商位于华北地区,冬季雾霾严重,不利于整车制造。因此,在自然条件方面,应该重点关注环境质量和自然灾害两大要素。

三、新创企业选址的策略

为企业选择一个黄金地址对企业未来的发展来说非常重要。细心观察可以发现,生意很好的街道也有一些鲜有人光顾的商店,而一些冷清偏僻的街道反而适合中小企业发展。在为新创企业选址时注意以下几点会使选址的成功率大大增加。

(1)发掘"潜力股"

选择热门商圈或被大众普遍看好的地方不如根据城市发展预测未来的发展方向,选择未来有发展前景的地方,这样不仅租金低,而且未来发展潜力大。

(2)靠近"大树"

规模比较大的公司、企业,其员工较多,人流量较大,新企业的地址选择这些公司周边,可以增加客流量,也容易被人光顾。

(3)选择人多的地方

人多了,客流量就会增加。一般小区的周边、学校的周边、商厦的周边都是人流较多的地方,选择这些地方会使企业未来的发展更具潜力。

(4)互补为邻

选择与自己经营方向不同的企业周边,可以与其他企业形成很好的互补关系,其他企业的顾客很容易成为本企业的顾客。

(5)注意配套设施

要重视新址周边的配套设施,好的配套设施有助于周边经济的发展,对企业未来的发展也起到了促进作用。

(6)大方门庭

在同一街道两侧选择经营地址。以客流量大、能见度高、交通不易堵塞的位置为最佳。

(7)折中而居

有时与其定好经营方向再去选择店面,不如先找到一个地点适中、价格较合理的营业场所,根据当地情况确定一个有发展潜力的经营方向。

（8）高租金、高回报

好的经营地址就不要怕高租金。俗话说，小生意是靠地点的生意，要想做大众生意，就一定要舍得在地址上投资，因为高投入就会有高回报，好的经营地址虽然寸土寸金，但正常情况下，企业的收益总会大大超过租金而获得丰厚的利润。[①]

（9）十字街口

拐角、三岔路口的地理位置是理想的，因为在两条街的交叉处或三岔路口，往来人流集中，企业的招牌、广告牌等十分显眼，可以有较多的过往行人光顾。正门的方向、橱窗的设计等，要抓住顾客的消费心理。可通过设置两个以上的入口用以缓解人流的拥挤。

第四节　大学生新创企业的管理

一、新创企业的财务管理

（一）财务管理的概念

财务管理是在一定的整体目标下，关于资产的购置（投资）、资本的融通（筹资）、经营中现金流量（营运资金）以及利润分配的管理。财务管理是企业管理的一个组成部分，它是根据财经法规制度，按照财务管理的原则，组织企业财务活动，处理财务关系的一项经济管理工作。简单地说，财务管理是组织企业财务活动、处理财务关系的一项经济管理工作。

[①] 高校教材编委会组.大学生创新创业教育教程[M].沈阳:东北大学出版社，2016.

(二)财务管理的原则

1. 风险与收益均衡的原则

创业者在进行投资决策时需要考虑到风险因素,并在可承受的风险范围内进行投资决策。在进行投资决策时,创业者需要对各种风险因素进行深入研究和仔细分析,以便做出明智的决策。同时,创业者还需要对自己的投资能力和风险承受能力进行深入评估,确保自己有足够的资金和能力应对各种风险和挑战。最后,创业者需要根据自己的实际情况和创业环境的变化,及时调整自己的投资决策,以保证创业活动的成功。

2. 成本—效益原则

成本—效益原则是企业财务管理的核心原则之一,要实现盈利性目标,企业必须在整个财务管理活动中贯彻成本—效益原则,追求产值或利润最大化,但这必须建立在合适的成本基础之上。企业需要通过对成本的有效管理来实现最大的收益,同时避免过高的成本支出对企业的盈利性产生负面影响。

3. 资源合理配置原则

从资源配置角度来说,企业是将筹集到的财务资源进行再组合、再分配的一个组织,理想状态下,这应该是达到最优组合,发挥组织最大效用的组织。在创业企业中,资源配置对于企业的成功至关重要。创业企业需要在资源配置方面下足功夫,以确保其能够获得最大的收益并实现盈利性目标。

4. 利益关系协调原则

遵循利益关系协调原则需要做到以下几方面。

第九章　大学生创业实践

（1）依法纳税

纳税是企业必须履行的法律义务，也是创业者处理与国家利益关系的基础。创业者应该了解相关税法规定，按时、足额缴纳税款，不得偷税漏税，避免因违法行为而受到处罚。

（2）确保员工的薪资收入和各项福利

员工是企业最重要的资源之一，创业企业必须确保员工的薪资收入和各项福利得到充分保障。这可以通过制定合理的薪酬制度，提供良好的工作条件和福利待遇等方式来实现。

（3）建立公平、透明的激励机制

创业企业应该建立公平、透明的激励机制，以激发员工的工作积极性和创造力，同时确保员工的利益得到保障。

（三）财务管理的具体内容

具体来说，财务管理包括以下几方面内容。

1. 财务决策

（1）掌握资金运动规律

创业者应了解资金的来源和用途，以及资金的运转周期和速度。只有掌握了资金的运动规律，才能制定出合理的财务决策。

（2）注意从公司经济、市场经济、产业经济的角度考虑

创业者应从公司的整体经济环境、市场经济环境和产业经济环境的角度来考虑财务问题，以便制定出更加符合实际情况的决策。

（3）对财务问题进行多方面考察

创业者应对公司的财务问题进行多方面的考察，包括财务报表、财务指标、市场数据、行业动态等，以便全面了解公司的财务状况，并做出更加准确的决策。

（4）建立有效的财务管理体系

创业者应建立有效的财务管理体系，包括预算管理、资产管理、投资管理、利润分配管理等，以便对公司的财务活动进行有效的管理和控制。

（5）寻求专业的财务咨询

创业者应寻求专业的财务咨询，以便获得更加专业的财务建议，并制定出更加符合实际情况的财务决策。

2. 财务制度建设

财务制度是公司最重要的规章制度之一，它规定了公司的财务管理方式和流程，对于公司的财务管理和运营具有至关重要的作用。无论公司的规模大小，都应该制订严格清晰的财务管理制度，以确保公司的财务管理规范、透明、合法。

首先，财务制度应该明确公司的财务目标和管理原则，以便于公司的财务管理和决策。

其次，财务制度应该规定公司的财务管理流程，包括财务预算、资金管理、成本控制、收入确认等方面，以确保公司的财务管理符合公司的战略目标和经济规律。同时，财务制度应该规定公司的财务报告和信息披露要求，以便于投资者、债权人、监管机构等利益相关者了解公司的财务状况和经营成果。

最后，财务制度应该建立有效的内部控制和风险管理机制，以确保公司的财务管理和运营符合国家法律法规和公司的内部规定，避免财务风险和损失的发生。

3. 财务战略

建立财务战略是新创企业提高能力的重要一环。以下是一些步骤和建议。

（1）明确财务目标和战略方向

在开始制订财务战略之前，企业应明确其财务目标和战略方向。这些目标应该是长期性的，能够为企业带来持续的收益和增长。同时，企业也应该明确其在行业内的竞争优势和核心竞争力，以便于制订合适的财务战略。

（2）评估企业的财务状况

在制订财务战略之前，企业应对其财务状况进行评估，了解其财务健康状况、财务实力和财务风险等方面。评估的重点应该是企业的资产

第九章　大学生创业实践

负债表、损益表和现金流量表等财务报表,以便于制订合理的财务战略和规划。

(3)制订财务战略

根据企业的财务状况和评估结果,制订合适的财务战略。财务战略应该包括企业的财务目标、战略方向、财务策略和预算等方面。企业应该在财务战略中明确其资金来源、资金运用和资金收益等方面的计划和策略。

(4)实现财务战略

在制订财务战略后,企业应该按照其制订的财务战略来实现其财务目标和战略方向。企业应该根据财务战略的要求,制定相应的财务计划和预算,并在实际运营中严格执行。同时,企业也应该定期对财务战略进行评估和调整,以便于适应市场变化和企业发展需要。

(5)执行财务战略

为了确保财务战略的有效执行,企业应该建立相应的执行机制,包括财务报告和信息披露机制、内部控制机制和风险管理机制等。企业应该定期对财务战略的执行情况进行评估和调整,以便于及时纠正偏差和调整财务战略。

总之,建立财务战略是新创企业提高能力的重要一环。企业应该明确财务目标和战略方向,评估其财务状况,制订合适的财务战略,实现其财务目标和战略方向,并执行其财务战略,以确保企业的财务管理规范、透明、合法。

4. 资金管理

创业初期,资金不足是很多新创企业面临的普遍问题。为了加强资金管理,企业管理者可以采取以下几种方法。

(1)制定预算和资金计划

制定预算和资金计划可以帮助企业管理者更好地掌控资金流向和使用情况。预算包括收入预算、成本预算和资金预算等,可以帮助企业管理者明确各项支出的规模和时间,从而有效地控制成本和资金。资金计划则是将资金分配到各个项目中,确保资金的合理分配和使用。

(2)优化资金结构

优化资金结构可以帮助企业管理者降低财务风险,提高资金使用效率。企业管理者可以通过资金分配、资产管理和负债管理等方式来优化资金结构,例如通过合理安排债务和投资的比例,降低财务风险。

(3)引入投资

引入投资可以帮助企业管理者扩大业务规模,加快企业发展速度。企业管理者可以通过引入风险投资、私募股权基金等方式来获取资金,从而为企业的长期发展提供资金支持。

(4)控制现金流

现金流对于企业的生存和发展至关重要。企业管理者应该控制现金流的流入和流出,通过现金管理和收支平衡等方式来保证企业的现金流稳定。

(5)加强内部控制

加强内部控制可以帮助企业管理者规范资金管理,防止资金流失和浪费。企业管理者可以通过制定内部控制制度、建立监督机制等方式来加强内部控制,保证资金的合法、合理使用。

5. 成本控制

成本控制对于新创企业来说非常重要。成本控制可以帮助企业降低成本、提高效率、增加盈利。以下是一些新创企业可以采取的成本控制措施。

(1)控制成本预算

制定合理的成本预算可以帮助企业管理者了解其成本支出的大小和方向,从而有效地控制成本。企业管理者可以通过对成本进行分析和评估,制定出符合实际情况的成本预算。

(2)实行标准化管理

实行标准化管理可以帮助企业管理者对企业的各项流程和工作进行规范化管理,减少重复工作和浪费。企业管理者可以通过制定标准化的流程和工作规范,来减少人为因素对成本的影响。

(3)优化采购流程

采购流程对于企业的成本控制非常重要。企业管理者可以通过优化采购流程,来降低采购成本和采购周期,从而提高企业的效益。

(4)加强人力资源管理

人力资源管理对于企业的成本控制也非常重要。企业管理者可以通过制定合理的薪酬制度、培训计划等方式来提高员工的工作效率和质量,从而降低企业的人力成本。

（5）建立成本管理系统

建立成本管理系统可以帮助企业管理者对企业的成本进行全面的管理和控制。企业管理者可以通过引入信息技术等方式来建立成本管理系统,实现成本数据的实时收集和分析,从而及时发现和解决成本管理中的问题。

6.财务人员配备与素质的提高

财务人员的素质和技能对于新创企业的财务管理至关重要。新创企业应该选择具备忠诚、可靠、专业、精干素质的财务人员,并对其加强培训和教育。具体而言,可以通过以下方式来提高财务人员的素质和技能。

（1）定期进行财务知识和技能的培训和教育

新创企业可以定期组织财务人员参加各种财务培训和教育课程,以提高他们的专业知识和技能,包括财务管理、财务决策等方面的内容。

（2）建立完善的奖励和激励机制

新创企业可以建立完善的奖励和激励机制,以激发财务人员的积极性和主动性,从而提高他们的素质和技能。

（3）引入职业经理人制度

新创企业可以引入职业经理人制度,让有经验的财务人员担任高级管理职位,从而提高企业的管理水平和财务人员的素质和技能。

（4）加强团队合作和沟通

新创企业的财务人员需要具备团队合作和沟通的能力,以便与其他部门加强合作和沟通,共同推动企业的财务管理和发展。

二、新创企业人力资源管理

（一）人力资源规划

人力资源规划包括两个层次,即人力资源整体规划和人力资源业务规划。

1. 人力资源整体规划

人力资源整体规划是指企业根据其发展战略和经营目标,对企业未来的人力资源进行全面的战略性的规划,包括人力资源的数量、质量、结构、素质等。

2. 人力资源业务规划

人力资源业务规划是指企业在人力资源整体规划的基础上,对具体的人力资源管理业务进行的规划,包括人员配备计划、人员退出计划、人员补充计划、人员培训开发计划、人员绩效与薪酬福利计划、人员劳动关系管理等。

(二)工作分析

工作分析是人力资源管理工作的基础,其分析质量对其他人力资源管理模块具有举足轻重的影响。

1. 工作分析的主要任务

工作分析的主要任务如下。

第一,规定职务性质和特征,即明确规定职务的职权、职责、工作内容、工作关系、工作时间、工作地点等。

第二,确定工作量,即明确规定职务所需完成的工作任务及工作量。

第三,分析工作难度,即明确规定职务完成工作所需具备的知识、技能和能力等。

第四,确定工作关系,即明确规定职务与其他职位、部门或团队之间的关系。

第五,明确工作环境,即明确规定职务所处的工作物理环境、社会环境和心理环境等。

第六,分析任职资格,即明确规定任职者必须具备的教育程度、工作经验、技能和能力等。

第七,提出人员培训和发展建议,即根据分析结果,提出对员工进行培训和职业发展的建议。

2. 工作分析的步骤

工作分析是一个持续不断的过程,其目的是提高工作效率和质量,帮助企业吸引和留住优秀人才,提高组织绩效。工作分析通常包括以下几个步骤。

第一,确定工作分析的范围和目的,即明确规定工作分析的对象、范围和目的。

第二,收集工作信息,即通过各种途径收集与工作相关的信息,包括职务说明书、组织结构图、职位描述、工作日志等。

第三,进行工作分析信息的整理和分析,即对收集到的工作信息进行整理和分析,提取出工作的相关信息,包括职务性质、任务、职责、权力、工作条件、工作量、工作难度、工作关系、任职资格等。

第四,制定工作规范,即根据分析结果,制定出工作规范,包括工作职责、工作量、工作难度、工作关系、任职资格等方面的规定。

第五,确定工作规范的适用性,即根据工作分析的结果,确定工作规范的适用性,包括是否需要对工作规范进行修订、如何修订等。

第六,发布工作规范,即将工作规范发布给相关人员,并对其进行培训和宣传,帮助他们理解和遵守工作规范。

工作分析的结果对于组织和个人都具有重要意义。对于组织而言,工作分析可以帮助组织明确岗位职责、规范工作流程、优化组织结构、提高员工绩效等,从而提高组织的效率和竞争力。对于个人而言,工作分析可以帮助个人明确自己的职业发展方向、提高技能和能力、适应组织和岗位的要求等,从而实现个人的职业发展。

(三)招聘

员工招聘的基本程序包括以下几方面。

1. 确定招聘需求

人力资源部门根据公司的战略发展规划和人力资源规划,确定招聘的岗位、数量和质量等招聘需求。

2. 制定招聘计划

人力资源部门根据招聘需求,制定招聘计划,包括招聘渠道、招聘时间、招聘预算等内容。

3. 发布招聘信息

人力资源部门通过招聘网站、招聘会、内部员工推荐等多种渠道发布招聘信息,吸引符合条件的应聘者。

4. 安排面试

人力资源部门根据招聘需求和应聘者的申请,安排面试,对应聘者进行初步筛选。

5. 确定录用人选

人力资源部门根据面试结果和岗位要求,确定录用人选,与应聘者签订劳动合同或实习协议。

6. 入职手续办理

为录用人选办理入职手续,包括签订劳动合同、办理社保公积金等。员工招聘的流程和注意事项可能因企业规模、行业、岗位性质和发展阶段等因素而有所不同,但一般来说,员工招聘的基本流程包括以上几个环节。

（四）员工培训

员工培训是指企业为了提高员工的知识、技能和能力，使其更好地适应工作要求而进行的各种培训活动。员工培训一般包括以下几个步骤。

1. 培训需求评估

培训需求评估是指对组织的培训需求进行全面的评估，包括组织层面分析、工作状况层面分析和员工层面分析。通过评估，确定培训的重点和方向。

2. 制定与实施培训方案

制定培训方案是指根据培训需求评估的结果，制定详细的培训计划，包括培训目标、培训方法、培训媒体、培训地点、课程内容简介、相关案例和各种活动。在培训方案中，要明确培训的目的、对象、时间、地点、师资等具体内容。

3. 培训效果评估与转化

培训效果评估是指对培训的效果进行评估，包括对课程设计、培训方式和培训效果的评估。通过评估，了解员工对培训的反馈和掌握程度，以及培训对工作绩效的改善程度。同时，将评估结果反馈给员工，帮助员工将培训内容转化为具体的工作绩效。

4. 建立员工培训档案

建立员工培训档案是指将员工的培训记录和成果建立档案，包括培训时间、培训内容、培训方式、考核结果等信息，为后续的员工培训提供参考和依据。

5. 持续改进员工培训

持续改进员工培训是指对员工培训进行持续的改进和优化,根据实际工作需要和员工反馈,不断调整和完善培训计划和方案,提高员工的工作绩效和企业的竞争力。

(五)绩效管理

绩效管理是指通过绩效目标的制定、绩效辅导、绩效考核、绩效改进等一系列过程,来实现组织和个人绩效的提升和改进的管理方法。绩效管理的流程一般包括以下几个步骤。

1. 制定绩效计划

明确组织和个人的绩效目标,确定绩效考核的周期和考核指标。

2. 绩效辅导

在绩效考核周期开始前,进行绩效辅导,帮助员工了解自己的工作任务和目标,明确绩效改进的方向和措施。

3. 绩效考核

在绩效考核周期内,进行绩效考核,评估员工的工作绩效,发现问题,并及时给予反馈和指导。

4. 绩效改进

在绩效考核周期结束后,进行绩效改进,帮助员工分析绩效问题,制定改进计划,并监督执行情况。

5. 绩效反馈

在绩效考核周期结束后,将考核结果反馈给员工,帮助员工了解自己的绩效表现和需要改进的方面,并提供必要的支持和指导。

6. 绩效奖惩

根据绩效考核结果,进行奖惩,激励员工更好地发挥自己的工作潜力,实现组织的目标。

(六)薪酬管理

薪酬管理的目的是通过对员工薪酬的适当管理和分配,提高员工的工作积极性和生产力,同时吸引和保留优秀的人才,从而实现企业的可持续发展。

薪酬管理的核心是通过对员工薪酬的适当管理和分配,建立一套完整、系统的薪酬体系,以激励员工的积极性和创造力,从而实现企业的战略目标。

薪酬管理的内容包括薪酬策略、薪酬计划、薪酬结构、薪酬构成、薪酬分配、薪酬调整等方面。薪酬策略是指企业薪酬管理的总体方向和目标,它决定了薪酬管理的基本方向和原则;薪酬计划是指企业制定的长期薪酬计划,它决定了员工薪酬的增长速度和结构;薪酬结构是指企业薪酬的组成部分及其比例关系,它决定了薪酬的公平性和合理性;薪酬构成是指企业员工薪酬的具体构成及其计算方法,它决定了员工薪酬的具体数额和构成;薪酬分配是指企业根据员工的工作表现和工作业绩,对员工薪酬进行分配的过程;薪酬调整是指企业根据市场环境和企业发展状况,对员工薪酬进行调整的过程。

薪酬管理的重要性在于它可以提高员工的工作积极性和生产力。同时,薪酬管理还可以帮助企业制定合理的薪酬策略,建立有竞争力的薪酬结构,提高员工的满意度和忠诚度。

(七)职业生涯管理

职业生涯管理是企业帮助员工制定职业生涯规划和帮助其职业生涯发展的一系列活动。职业生涯管理主要包括以下几方面内容。

1. 职业定位

确定个人的职业定位,即个人想从事什么类型的工作,以及个人的能力和素质是否符合所选职业的要求。

2. 职业生涯路线规划

个人应当根据自己的兴趣、优势、价值观和发展目标来规划自己的职业生涯路线。

3. 制定行动计划

根据职业生涯路线规划,制定具体的行动计划,以逐步实现职业生涯目标。

4. 反馈与调整

定期评估自己的职业生涯目标和行动计划是否实现,如有需要,及时进行调整。

参考文献

[1] 刘延,高万里.大学生创新创业基础[M].武汉：华中科技大学出版社,2020.

[2] 许文刚.大学生创新创业训练与实践指导[M].北京：北京理工大学出版社,2020.

[3] 宋建卫,魏金普,杨洪瑞.大学生创新与创业教育[M].北京：北京理工大学出版社,2021.

[4] 李明慧.大学生创新创业理论与技能指导[M].成都：四川大学出版社,2021.

[5] 李子毅,刘佩.大学生创新创业指导[M].北京：北京理工大学出版社,2019.

[6] 郑楠,闫贤贤,黄卓.大学生创新创业教育[M].北京：北京理工大学出版社,2018.

[7] 李建庆.大学生创新创业教育研究[M].成都：四川大学出版社,2019.

[8] 黄娟.大学生创新创业素养的培养路径与策略[M].昆明：云南大学出版社,2021.

[9] 李永芳,沈素军.大学生创新创业指导[M].北京：航空工业出版社,2017.

[10] 程智勇.大学生创新创业素质培养与能力提升[M].成都：西南交通大学出版社,2021.

[11] 王东方,任美英,祁少华.创新创业基础[M].厦门：厦门大学出版社,2021.

[12] 王青迪.大学生创新创业教育与就业指导[M].上海：上海三联书店,2019.

[13] 盛义保,付彦林.大学生创新创业教育基础[M].合肥:合肥工业大学出版社,2020.

[14] 黄奕.创新创业基础教育[M].北京:中国言实出版社,2020.

[15] 刘怡,乔岳.创新创业新思维[M].济南:山东教育出版社,2022.

[16] 张晓蕊,马晓娣,岳志春.大学生创业基础[M].北京:北京理工大学出版社,2019.

[17] 龙玉祥,张承龙.大学生创新创业基础[M].武汉:华中师范大学出版社,2018.

[18] 高轶鹏.大学生创新创业能力培养模式研究[J].长春工程学院学报(社会科学版),2022,23(04):99-102.

[19] 陈晶晶,李萌.新时代大学生创新创业能力提升路径研究[J].齐鲁师范学院学报,2022,37(06):46-52.

[20] 韩喜平,杨雪.新时代大学生创新创业困境及教育路径[J].思想政治教育研究,2020,36(05):152-155.

[21] 刘夏菡.大学生创新创业能力研究[J].西部素质教育,2022,8(08):4-7+22.

[22] 付春权.高校大学生创新创业教育存在的问题及对策[J].继续教育研究,2020(06):78-81.

[23] 赵雪莲.大学生创新创业能力培养与实践探讨[J].创新创业理论研究与实践,2022,5(14):82-84.

[24] 武建.大学生创业团队建设及对策研究[J].山西青年,2021(02):102-103.

[25] 丁涵.对地方高校大学生创业团队建设的思考[J].产业创新研究,2020(17):173-174.

[26] 蒋旭.社会网络对大学生创业企业融资可得性影响的实证研究[D].扬州:扬州大学,2022.

[27] 王颖,袁礼,高俊霞."双创"背景下大学生创业融资方式及风险研究[J].科学咨询(科技·管理),2023(01):49-51.

[28] 陈明秀.大学生创新创业能力中的融资能力提升研究[J].营销界,2022(18):164-166.

[29] 李彤辉.大学生创新创业融资途径分析[J].投资与创业,2021,32(17):21-23.